身體的祕密語言

尹娜・西格兒——著

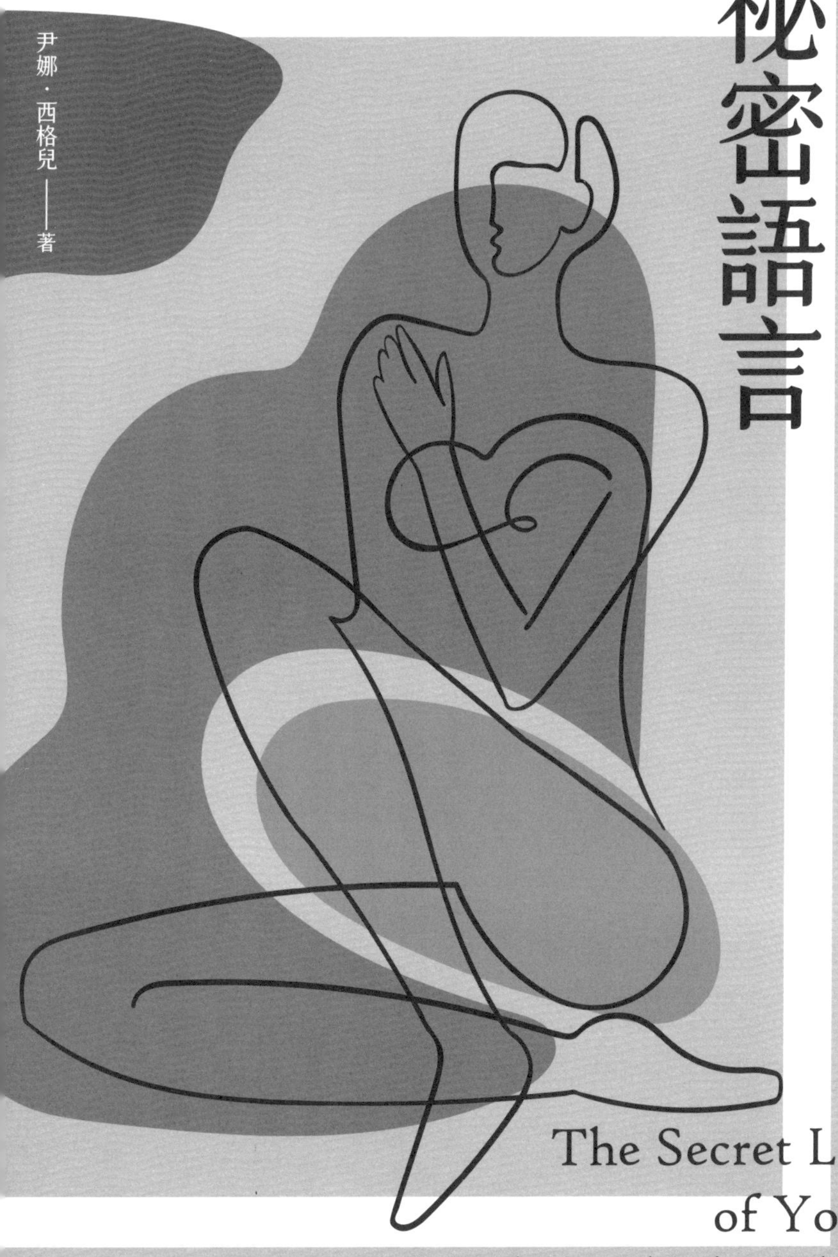

The Secret Langua
of Your Boc
The Essential Guide to Health and Well

【專文推薦】

◎《身體的祕密語言》分門別類的列出不同病症、身體部位、顏色，身體系統等等的問題，以及相對應的療法，透過瑜伽練習培養的自我連結，我們也可經由本書的引導覺察去發現問題，進而透過身體療癒自己，由身入心，真的是非常值得一看的一本書。

——Ken阿肯師的瑜伽隨記／Ken

◎《身體的祕密語言》一書中運用重要且簡單的智慧讓我們理解與身體關係的連結，令我印象深刻。其中第四章「顏色的祕密語言」描述顏色以及其與身體連結的重要性，與我的悉達哲學系統（Siddha）——如何藉由顏色來填補我們的器官與身體——的實踐和教學非常接近。而書中的這句話就說明了其簡單且清晰的道理：「記住，當你感到痛苦與不適，就表示身體想告訴你你需要改變。越能傾聽自己的身體，你的人生就會越輕鬆、喜悅、令人滿足。」

——涅槃瑜伽學苑／Prathap S.（小P老師）

◎本書教導一種實際、有用、簡單且充滿不可思議，喚醒內在與身體達到平衡與自我修補的全新觀念。作者的開放性思路與實用經驗，將徹底改變閱讀此書的每一個人。我很喜歡這本書，誠摯地將它推薦給你，相信你也會喜歡它。

——「我在人間系列」作家、靈修、瑜伽士／宇色

◎生活在今日社會，多數人不願相信自己擁有傾聽身體、心靈並與之溝通的能力，於是，原初的「一體」被分割、解離，在權威專家所給予的藥劑和手術中尋求片面的醫治。《身體的祕密語言》一書的出現叫人驚喜！書中羅列色彩、情緒、生理病徵、身體部位與系統間的關聯，彷彿衛星導航般提供身心狀態的參考座標和相互呼應的療癒練習，進而再次讓我憶起——人人皆能為自身解密，此生的療癒之路就藏在自心。

——捕息工作室｜Catch A Rest Studio／林宛縈

◎身體要告訴我們的訊息，往往都是非常直接且立即的。心理內在有各種情緒糾結，身體便馬上反應出來，是一個最佳關照自我的連結。很喜歡作者透過清晰的整理，介紹各種疾病與疼痛的內外關聯，並且提供轉化的關鍵練習。誠心推薦給大家，適合在自我覺察與身體對話，以及回到自身與身體連結的過程中閱讀與查找，

看看究竟身體要告訴我們什麼訊息，藉此，獲得更多生命的更新與轉化。

——諮商心理師、左西人文空間創辦人／陳盈君

◎書中透過對各部位和系統的解說，讓我們了解身體的藍圖；人體結構相當複雜，從外到內每個位置也有着它的振動和意義。「根源」就是明白根本所在、源頭起始，訊息所帶來的並不是結果，而是提醒我們愛惜自己（身體）。本書最重要是提供一些練習，讓我們透過專注和覺察，發掘治癒的能力。

——頌缽藝術家，Allpamama 創辦人，《聽聞頌缽》作者／曾文通

◎我們的生活態度不僅表現在行為上，儲存於回憶裡，它同時也存在於我們的身體中。當其失衡時，就透過身體來和我們溝通。在傳說裡，我們稱其為鬼魅附身；在當代，我們則稱其為身心症。不論是暈眩、膀胱發炎、掉髮、濕疹、還是無來由的疲憊感，這些身體的不適與疾病往往暗喻著亟待修正的生命信念。因此除了從生理上找尋原因之外，對其進行象徵式的解讀也日益重要，透過象徵，我們從病症的發生理解了自己，從而思考如何自我治癒，重獲完整。

——諮商心理師／鐘穎

Chapter1 身體的祕密語言

Chapter2 生理病痛的祕密語言

Chapter3 情緒的祕密語言

Chapter4 顏色的祕密語言

Chapter5 身體系統的祕密語言

謝辭

我想要謝謝我的丈夫保羅，因為不管我展開多麼雄心壯志的計畫，他總是義無反顧地支持我。是你啟發我成為最棒的自己，鼓勵我寫書，讓人們擁有改變自我人生的工具。你所付出的時間、耐性與見解，讓我的研究和這本書得以成真，謝謝你給予的愛和創意想法。

我要謝謝我的孩子拉斐爾與安潔莉娜如此愛我。你們讓我的心得以成長，給了我深沉的喜悅，讓我對人生中重要的事物滿懷感恩。

我要感謝我的父母莉娜與柯里亞，他們總是鼓勵我從事治療、寫作和教學。我的母親非常了不起，上過我所有的課程、讀過我所有的文章。看著妳找到內心的神聖療癒與智慧並出現轉變，令我感動不已。妳好棒。

我也想要謝謝我的每一位家人，特別是我弟弟馬拉，因為他是個充滿關愛、很願意給予幫助的手足。每當我需要你的時候，你總是在，我很感激有你在我的生命中。我愛你。

謝謝妳，我美麗的表妹珍妮，妳充滿熱忱、鼓舞和傾聽的意願。我很喜歡跟妳分享我的旅程，看著妳轉變、成長，變成現在我所認識的神聖、強大又優秀的人。我愛妳、欣賞妳，也受到妳許多的啟發。

我要謝謝我的祖父母愛瑪和米夏，是你們向我展現何謂勇氣、何謂為生命奮鬥。有你們在我生命裡，是上天賜給我的祝福。

我非常感謝我的紐澳出版商東尼．卡門．薩雷諾（Toni Carmine Salerno）。我也要謝謝譚亞的編輯和麥可的插圖設計。

我要謝謝擔任醫學插圖者的列文．埃非（Levent Efe）醫生有如此高的藝術天分與對人體的理解。跟你共事十分愉快。

我要感謝我的音樂總監菲利普．格爾巴赫（Phillip Gelbach）對想像直覺療癒有聲計畫做出重大的貢獻。

我還要謝謝我的客戶和參與工作坊的學生。你們心胸開放，願意嘗試我所傳授的治癒過程，使我有機會擁有世界上最棒的工作——雖然不是最簡單的，但絕對是最有成就感的。我想不到還有什麼比看著人們在我眼前轉變更棒的事情。

我要謝謝好友珍妮、海倫、露芭、瑪莉娜和莎拉，因為妳們為我的生命帶來樂趣、歡笑與喜悅。知道妳們一直都在，我好開心。

我要感謝我超棒的朋友彼得給予我無條件的愛、耐心與鼓勵。我的人生永遠不再一樣。

謝謝你為我設計美麗的服裝。

謝謝妳，埃絲特，在我在法國時給我愛、熱情、信任與支持。我也要謝謝桑德琳、米莉亞姆、安潔莉卡、芭迪拉、瑪莉－特瑞絲、瑪莉－皮耶，和許多其他協助、鼓勵過我並在全歐洲分享我的治療工作的人。

我要謝謝亞當．瓊斯（Adam Jones），你是一個超棒的時尚設計師，也是我的好友，更是我所認識最風趣慷慨的人。溫蒂．L．札勒（Wendy L. Zahler），謝謝妳向我敞開心房，還是一個這麼好的朋友與優秀的旅程管理師。謝謝妳菲．溫克（Faye Wenke），因為妳相信我的治療工作，並將這本書推薦給超越文字出版社（Beyond Words Publishing）。

我也要特別感謝超越文字出版社的辛西亞．布萊克（Cynthia Black）給予我鼓勵和熱忱，還有心房圖書出版社（Atria Books）的茱蒂絲．柯爾（Judith Curr）對我的支持與信任。超越文字的其他團隊成員，謝謝你們：理查．科恩（Richard Cohn）、提姆．謝勒德（Tim Schroeder）、珍妮佛．安傑爾－洛斯（Jenefer Angell-Mros）、琳賽．S．布朗（Lindsay S. Brown）、狄馮．史密斯（Devon Smith）、喬治．路易斯（Georgie Lewis）、潔西卡．斯特格斯（Jessica Sturges）與惠特尼．空（Whitney Quon）。跟超越文字的團隊共事簡直就是美夢成真。你們的愛、關懷與付出令我備受感動、啟發與成長。我打從內心深處感謝你們。

他序

《身體的祕密語言》這本書就跟它的書名所說的一樣，是一本了解身體訊息的「必備指南」。你可能想問：我為什麼需要一本指南，這本指南又要指引我什麼？我的回答是，這本書會指引你實現你真正應該過的人生——這是絕大多數的人都不知道怎麼做到的。每到星期一早上，世界上就有更多人自殺、中風、生病或心臟病發。我認為，身體很努力地想要告訴我們，我們的生活、工作、人際關係與心態會影響我們的身體與健康。

假如我們沒有留意自己的感受和身體傳遞的訊息，身體就會假定我們沒有享受人生，讓我們盡快脫離苦海。我認為，這就是本書所要傳達的訊息：停止過著不真誠的自我的人生，因為那是他人加諸在你身上的；不要消滅自己，而是要消滅正在害死你的東西。留意身體的訊息，你就能拯救自己。

《身體的祕密語言》非常實用，十分切合你的生活與時代。因此，讀下去，你就會經由容易理解的文字和容易實踐的行動引導到新的人生。重獲新生，將身體回復到最健康的狀態，讓它指引你治癒自己的生命。

受到治癒的生命會帶來許多好處，治好疾病是其中一個。細菌、病毒和植物會改變基因組成來抵禦抗生素、疫苗和氣候變化，而我們也能夠做到內在療癒。我們要做到這點很難，因為我們是很複雜的生物，但是如果我們願意傾聽智慧細胞的訊息、創造滋養生命的內在環境，自我療癒就有可能時時發生。

但是首先，你必須要能留意自己的身體和感受，不要單靠大腦和思想過活。分散注意力和服用藥物不是面對內心感受應該要有的正確回應。有一位律師曾在危機時刻（當律師有時候是個很嚴重的病）說過：「我的結論極為合理、絕對有邏輯卻完全錯誤，因為在學習思考的同時，我差點忘了怎麼感受。」

大部分的人之所以難以留意自己的感受，是因為那些感受使他們痛苦。絕大多數人從小到大得到的至理名言不是會讓他們實踐在人生中，反而是會害死他們。他們必須拋開痛苦的過去，忘了從父母、老師、神職人員、醫生和其他權威人士那裡接收到的毀滅性訊息。

孩子在六歲以前聽到的話具有催眠般的效果，非常難以忘懷，但是等到他們長大了，就會開始察覺這些話對身體和健康造成的毀滅性影響。常常，為了讓自己感覺好過一點的過程中，他們會出現暴力行為，因為神經系 12/ 統受損而罹患各種成癮症。身體的語言不必永遠都是祕密。我們希望你在重大變故造成的殘破之處覺醒、變得強壯。我們希望你能從身體學到生存的方式，強大到能夠抵抗大自然的力量，但在需要時又能屈能伸。讓症狀賦予意義，你就可以受到指引，治療自己。

要保護、定義自我，痛是必要的。我們要是從沒經歷過痛，那對我們的生命和身體而言是個災難。但，在我們給予病痛意義之後，就不需要繼續受苦。痛和苦是兩個完全不一樣的東西。

意識不是局部的，我們必須注意接收到的訊息。既然器官接受者能告訴你捐贈者的人生，我們就必須要明白，我們的人生是貯存在身體和細胞內的。

數年前，在為一場馬拉松進行訓練、做著其他平常會做的那些事時，我出現了眩暈。我問自己要怎麼把這種感受描述給別人，聽到的是「世界正在旋轉。」我知道，我的身體在告訴我放慢步調，好好休息；身體讓我早上越來越難起床。我在這本書的病症清單中查詢「眩暈」這個狀況，結果讀到跟我的身體當時告訴我的訊息一樣的內容。此時，我的右腳踝也出現一些問題。我在書中的第一章查詢這個身體部位，馬上找到了答案：「擁有太多責任」。我們可以跟身體說話並從中學習，也可以透過這本書傳達的智慧來學習，更容易、更快速地治療。

假使你願意練習，就能成為想要成為的人。我們可以指導、引導你，但你自己得願意現身。我們知道，血液的化學會因自己扮演的角色而產生變化。就連演員也會在表演一齣戲時感受免疫機能和皮質醇的變化：演悲劇可能導致疾病，演喜劇可以預防疾病。記住，我們談的是療癒人生。療癒和治病是不一樣的，但經過療癒的人生可以抵抗許多疾病，而且更有可能帶來治好病痛的身體。

不要讓自己的信念阻礙你。讓親身經歷指引你。我從自己的身體和治療者的工作中學到，醫學院從沒教導或討論過的神奇事情是有可能做到的。如果你按照尹娜．西格兒在這本書中提供的方式生活，你就會成為所謂的「責任參與者」。也就是說，你不再是只會聽從醫囑、長期受苦的病患，而是「主動負起責任的參與者」。讓內心的孩子出來，經歷愛與幽默，感受這為你的身體帶來的效果。我跟我太太芭比以前會一起表演，她負責脫口秀，我負責發表健康相關的演說。最令我印象深刻的是，在大笑十五分鐘後，每個人的身體看起來都健康許多。表演結束後，她得到的感謝比我還多。

所以，要從自己的身體和問題當中學習，讓煤炭在壓力下變成鑽石，將你從黑暗與無力之中釋放出來。我必須要提到一點，那就是這跟愧疚、羞恥和責備無關，雖然我們很多人從小到大都認為如此。我們不是在講你做錯了什麼，而是在講你可以透過參與自己的人生、跟內在智慧溝通來做對什麼。沒錯，我曾經因為意外或被壁蝨叮咬之類的原因受傷和生病，跟情感課題無關。但，傾聽我的身體使我可以幫助自己更快痊癒，避免慢性問題出現。我不需要靠疾病來滿足需求。因此，別再因為過去的訊息，擔心自己有沒有做對或會不會失敗，開始參與自己的人生，盡全力把比賽打好。

身體是我們的禮物，向我們展現人生的意義，就好比電視螢幕向你展現節目的內容一樣。我會使用夢境和繪畫治療我的病患，所以我知道身體也會用符號溝通。我靠符號協助診斷，好讓患者看見自己的內在智慧被展現出來，做出有療效的選擇。

患者在圖畫中使用的顏色也具有意義，會表現情感。藝術治療師和榮格治療師都知道這點，雖然醫學院並沒有教。俄國作家亞歷山大・索忍尼辛（Aleksandr Solzhenitsyn）在《癌症病房》（*Cancer Ward*）一書中將自我療癒描述為「彩色蝴蝶」，這並非偶然。彩色蝴蝶這個符號象徵了轉變和所有跟轉變有關的情感。不要害怕傾聽自己的身體。

這跟做對做錯、是好是壞無關，而是在講要對身體訴說的靈性和潛意識共通語言保持開放的態度。讓你的身體引導你做出對的選擇和治療，最終使你的生命獲得自癒。

醫學博士伯尼・S・西格爾（Bernie S. Siegel）

《愛的醫療奇蹟》（*Love, Medicine & Miracles*）與《信仰、希望與治癒》（*Faith, Hope, and Healing*）等暢銷著作的作者

導論
INTRODUCTION

學習治療自己，釋放囚禁你的負面認知。拋開毀滅性的情感，如埋怨、恐懼、憂鬱、憤怒、失敗、忌妒和絕望。與身體的智慧建立連結；學著運用直覺；打開你的心胸；感受喜悅、同情、清澈、輕鬆與愛。發掘身體的先天智慧，用它來創造驚人的轉變。

我怎麼知道這些都有可能發生？因為我自己就曾經歷不可思議的治療轉變，幫助數千人改變生命，脫離壓抑、病痛以及沒有獲得開放、健康和深刻了解自我的喜悅所滿足的人生。拋下遮住你真面貌的外殼，你就能發掘真實自我的光輝。

不相信我沒關係，因為這本書不是要你聽從任何人，而是要你找到自己的答案。我在想像直覺療癒課程的第一堂課總會告訴學生，我相信在場的每一位都會得到無數的禮物、許多的啟發、擴張的察知，還有成長、轉變與療癒的機會。我教導的東西只是一把鑰匙，要怎麼使用完全取決於你。只有你擁有改變自己人生的力量。

身體是一個回饋系統。本書讓你有機會了解身體傳遞的訊息，並提供各種實用練習來創造和諧與治癒。所有的練習都很簡單，很快就能完成，沒有任何經驗也不要緊。只要你能呼吸、放鬆、閱讀、思考和移動身體，就能治療自己。

我已經利用這些簡單的練習成功治好許多人的各種病症，包括：頭痛、背痛、焦慮、心臟毛病、體重問題、消化功能失調、氣喘等等。

每個人的雙手都握有一個工具，可以從細胞的層次清除毀滅性的行為模式、信念觀點和情感包袱，讓你發掘那個驚人的真實自我，充滿閃亮的潛能、天賦、力量與神性。只要你願意運用手上的資訊來治療自己、改變人生，就能實現這些事。

我有一位學生告訴我，她從來不相信自己有辦法擺脫絕望與憂鬱，直到她發現在問題的背後存在一股深刻、具有轉變力量的愛。透過療癒，她改變了自己的人生以及跟丈夫、孩子和家人的關係。她發現自己是值得被愛的，而且再也不受焦慮、恐慌、憂鬱和心悸所苦。

另一位客戶則告訴我，她的菸癮是她用來跟父親親近的方式。一旦她察覺到這一點，癮頭就完全消失了。她當天就不再吸菸。

綜觀歷史，許多偉大的導師、治療師和富遠見者都說過：「要認識自己。」因為，當你有了覺察，就會有選擇；當你有了選擇，就會有自由和健全的身心。「認識自己」和「治癒自己」都是很棒的概念，但大部分的人不知道怎麼做到。我寫這本書的宗旨是要讓你有工具察看內心，發掘我們每一個人都擁有、但尚未汲取的健全與活力之泉。

有一位非常成功的商人曾經跟我說，學會聆聽自己的身體、遵循身體的引導之後，他的背部和膝蓋疼痛不但好了，還做出許多致勝的商業決定。事實上，在上了我的一些課程後，他的收入增加三倍，全歸功於剛提升的商業直覺敏銳度。

發掘內在的智慧、傾聽自我的聲音，這不是一年做幾次就好；這是一種生活方式。一旦你開始感受到它驚人的好處、擴展你的覺察力、經歷過自癒的力量，你就再也不會想回頭。

一切的開始

小時候，如果有人告訴我，我將來會發現強大的治癒技巧、創造新的治癒模式，在電視節目、工作坊和著作中分享這些知識，我一定會覺得他瘋了。我的兒時夢想是要成為演員和作家。我學過演戲，念書時曾演出舞台劇，大學又攻讀專業寫作與編輯。我從未想過有一天我會到各國旅行，幫助人們重拾健康與活力，賦予他們轉變生命的力量。

但，仔細想想，這也沒什麼好令人驚訝的，因為我從小時候就一直出現健康問題。我在白俄羅斯的首都明斯克出生，這裡在當時也受到車諾比核災的影響。核反應爐汙染了這個區域的兩年後，醫生告訴我的父母，身體一直很不好的弟弟馬拉可能會死於我們所居住的惡劣環境，而這座城市又缺乏適當的醫療資源。我們計畫搬到澳洲，並在壓力極大的移民過程中，住在義大利九個月的時間。義大利人對我們非常好，當地也有許多說俄語的移民者。我的父母雖然很擔心未來，但我非常喜愛住在義大利的那段時間。我會在海邊賣東西幫父母賺錢，也因此變得獨立自主。

剛在澳洲定居，我們一家人必須從頭開始新的人生：學習外語、適應不同的文化、尋找謀生之道，一切都充滿挑戰。這段艱難的歲月對我的健康造成很大的影響，我變得很容易緊張，在學校和家中都不知道該如何表達自我。我經常出現劇烈胃痛、皮膚問題與焦慮，偶爾還會恐慌發作。當時，我的父母和祖父母認為只有醫生知道怎麼治好醫學病症，所以我常常去看醫生。

我的健康持續惡化。十六歲時，我開始出現偶發但急遽的背痛，醫生把我轉給物理治療師。雖然一開始有一些小改善，我的背痛還是繼續惡化，到了幾乎無法忍受的地步。

十八歲時，我在戲劇課上認識了未來的丈夫保羅。保羅推薦各種療法給我。我看過許多全人和傳統醫療的醫生，但是好像沒有任何東西能幫助我。我會出現短時間的輕微改善，但是後來疼痛又會再次出現，一次比一次嚴重。

到了二十歲，我痛到好幾個星期幾乎無法行走。我也不想讓親朋好友知道，只有保羅和母親知道我有多痛。一度，我感覺自己就好像住在整骨師的辦公室一樣。我的自信心十分低落。

轉捩點

我痛苦不已，身體感覺起來、看起來都很難看。我請保羅載我去看整骨師，一路上痛得大叫。每一個顛簸都是一種折磨。

最後，我終於來到整骨師的候診室。他看了我一眼，說我的身體卡住了。我看著他，十分困惑，喃喃地說：「這我早就知道了，你要怎麼治療？」

他說：「我什麼也不做，妳回去吧。」

在回家的路上，我非常氣憤，痛苦反而減輕了點。我曾經讀過，如果一個人感到憂鬱或絕望，憤怒有助於使他們前進。我當時所經歷的就類似那樣。我的腦海充斥著各種不能走路或只能坐在輪椅上的場景。接著，我突然浮現一個想法：我的健康狀況不可能保持一樣，不是變差，就是變好。一想到這輩子都必須忍受這樣的痛，我就受不了。

之後，我躺在家中的床上思忖黯淡的未來時，突然有了一種頓悟。我的意識突然有了驚人的轉變。我發現我一直仰賴他人治好我，覺得他們一定可以救我。我付出越多內在力量，感覺就越糟。答案很清楚：我必須自己治好自己。但是，要怎麼做？

發掘治癒的能力

我突然感覺我的身體被賦予不可思議的治療能力。然而，在自癒之前，我必須先找出身體使我疼痛的目的。一定是有哪裡出了問題，身體正在傳遞訊息給我。

雖然我還是很痛苦，但是我感覺自己有了目標。我不確定要怎麼開始自癒，但我知道人類有很多不同的運作層次——心理、情感、生理、靈性、能量等。我決定盡可能探索所有的層面。

首先，我下定決心要恢復健康。感覺變好一點或是完全恢復健康，我都可以接受。無論如何，我覺得這比專注在生病這件事情上要好。

接著，我發覺如果我要獲得身體的訊息，就必須連結自己的情感。我開始把注意力放在呼吸上。我允許自己感覺情緒，從情緒那裡接收智慧，而不是抵抗或推開情緒。我發現，若要治癒，就要感受。

我也想到，我應該把手放在背上。當時，我只是為了支撐身體。後來，我發現碰觸我的背部時，我也正在把心思和精力放在治療這個部位上。換句話說，治癒的念頭從大腦產生，接著通過我的脊髓和神經系統，進入我的背部。

我感覺身體終於願意配合了，我可以感覺到身體不再僵硬、變得放鬆。整骨師所說的「卡住」的感覺慢慢消失。但，即使我有時候開始感覺好轉了，疑慮依然會悄悄浮現，像是「沒有用的，別浪費時間」或是「以前從來沒有任何東西帶來效果，妳憑什麼覺得這可以？」等惱人的想法。我決定，最好的方法就是讓心思忙碌，從三十開始倒數回來。

這令我心神安定，我也發覺我不是非得治好自己，我必須讓一切自然發展。我有聽過「神聖智慧」這個概念，但是不太了解那是什麼意思。我知道我的身體很有智慧，因為即使我什麼也沒做，它也知道如何使血液流動、頭髮生長、心臟跳動。我決定問問看有沒有「神聖療癒智慧」這種東西，希望這個智慧幫助我。沒多久，我就感覺自己與一股神奇的治癒能量連結。彷彿有溫暖耀眼的陽光將我背部的僵硬和疼痛全數融化。

當我把注意力轉到脊椎時，我看見一個變形的背部，許多節脊椎骨好像都歪了、發炎了。

我很驚愕，心想：我不喜歡這個夢。然後，我突然發覺，我沒有在做夢，我看見了自己背部的影像。

最初的驚愕散去後，我開始思考我的背部怎麼會變成現在這個樣子。於是，我問了一個問題：是什麼想法、情感與經歷造成這個狀況？接著，我靜靜等待，一邊緩慢地深呼吸。恐懼、挫折、憤怒、愧疚與羞恥等劇烈情感幾乎馬上就開始浮現。我繼續深呼吸，感受這些情緒，即使這些情感變得極為強烈。我讓自己感受那些強度，不斷對自己說：我願意放下這些感覺。

一波波的情緒在體內竄流。我一邊釋放它們，一邊感覺平靜以及跟神奇的治癒能量連結的感受，並且接收到與每一種情緒有關的想法或回憶。我釋放的情緒越多，感受到的神聖靈性之愛越多。我從內在之眼可以看見濃烈的能量像煙一般從身體升起。接著，我陷入深沉而寧靜的睡眠。

隔天早上，大部分的疼痛都消失了。我非常興奮，決定盡可能地實驗這個治癒方法。不到三週，所有的生理痛苦都完全不見了。六個月後複診時，我的整骨師吃驚地說：「不管妳做了什麼，繼續保持，因為很有效。」釋放背痛之後，我接著成功地治好我的皮膚、消化問題和焦慮。

幫助他人治癒

開始有人請我幫他們治療。雖然我治好了自己，但我不確定有沒有辦法幫助他人。我注意到，練習傾聽自己的身體後，我傾聽他人的身體和能量系統的能力也大幅提升。有時，我不需要詢問他人，就會接收到非常神奇、沒有預期（我也覺得十分神聖）的資訊。當我向對方求證這些資訊，總是發現自己沒有錯。

起初，我試著幫助我的家人。對於我新發掘的能力，我母親是最支持的人。她告訴我，她對我有絕對的信心，認為我必須選擇療癒的路。我父親半信半疑，但是因為他非常愛我，所以他也很支持。我的祖父母說，他們從來沒聽說過這種工作。我的丈夫保羅非常支持我，並給予我中肯的建言：我絕對不可以胡亂捏造故事，要確定我說的話是真的，可以幫助他人。他也說：「除非有效，否則就不要做！」我一直都遵守這點。我持續從他人身上學習，並仔細留心什麼對他們最有用。我不會困在習慣裡，或是執著某些不再有用的概念或技巧。

有一天，在我治好自己沒多久，我母親打電話給我，要我為工作時傷了腿的父親進行遠距治療。我把注意力轉到他身上，透過「傾聽」的方式看見他的腿受了很嚴重的瘀傷。我看見他其實是在一艘船上受傷的。我這樣告訴我母親，但她堅持意外是發生在工作的地方。但我打電話給父親後，他證實了我所看見的。他的腿很快就好了。

這下，我明白距離不會阻礙療癒。這讓我能夠嘗試治癒世界各地的人，傾聽他們的病症與人生難關背後的心理、情感、生理和能量根源。我發現自己在幫助他人跟他們自己的神聖智慧產生連結，而這個智慧使他們有能力治療自己。

治好我父親不久後，一位朋友來訪。就在她說話時，我看見她頭上出現一個卡通般的肝臟影像。一開始，我以為我瘋了，於是慢慢開闔我的雙眼，希望影像會自動消失。但是並沒有。我問她，她的肝臟是不是出了問題，她告訴我她這輩子大部分的時間肝臟都有問題。

接著，我看見她的祖父在集中營的影像，得知他也有類似的問題。我把很多有關她的健康和她的祖父的資訊轉達給這位朋友，大部分都是她完全不曉得的。幾天後，她打電話來告訴我，她的母親證實我所說的關於她的祖父的細節都是真的。之後，她也持續告訴我，那天我所說的關於她的健康的一切，都獲得了醫學檢測和其他醫護相關人員的證實。

接下來的幾個月，我在自願者身上做實驗，得到的結果令我十分驚訝。我對自己從事的療癒工作越來越有信心。每次一有機會，我就會研究不同的療癒方式以及更有效地運用自己能力的方法。我也開始訪問靈性、健康和人類潛能等方面暢銷書籍的作者，從中學習。我的文章發表在世界各地的報章雜誌中。但，我認為最能賦予他人力量的做法就是教導人們如何治療自己。因此，我最大、最有益處的收穫是來自於我的私人客戶和參與我工作坊的學員。

本書的資訊全都來自我多年研究人體、跟客戶一對一交流以及在世界各地的工作坊上課所得到的內涵。每一位客戶都使我更了解身體的每個部位所要傳達給我們的訊息，還有我們可以怎麼使用這些資訊來自我療癒。

有人曾經問我，我寫了什麼樣的書。我想了一下，回答：「我寫了一本我想好好使用的書。」我使用這本書收錄的參考資源很多很多次，示範、說明想法和情感對身體造成的影響。我希望你也能經常使用《身體的祕密語言》，協助自己進行療癒。

人人皆可輕鬆入門的靈性療法

很多人第一次見到我時，都會以為我的人生很完美，什麼難關也沒有，我也從來不會難過、擔憂或生氣。他們時常會把我捧上天，不斷讚美我，最後發現其實我也是凡人。我也有遲疑的時候，也有犯錯的時候。我熱愛時尚、跳舞、看電影、聽流行樂。

換句話說，我雖然會實踐很深的靈性活動，但也會透過許多尋常的樂趣享受生命。我想證明，貼近日常生活的同時，也可以致力於身心健康和靈性，並過著成功的人生。大家都很喜歡這個概念。在我的課堂上，很多人會告訴我，他們喜歡我的衣服、我年輕的外貌以及我播放的音樂。他們還說，我讓靈性活動變得很酷。有一年，保羅和我的音樂總監菲利普·格爾巴赫製作了一張名叫《此刻》的專輯送給我當生日禮物，裡面收錄我的歌聲，搭配啟發人心、催眠、跳舞和令人放鬆的音樂。工作坊的學員都很喜歡聽著專輯跳舞。在一次演講中，有一位女士帶著年輕的姪女一起來聽，這位女孩顯然以為從事靈性治療的人年紀會比較大、穿著俗氣。結果，她很驚訝我看起來居然這麼年輕，而且看到我的鞋子時，更是完全為之傾倒。

如何使用本書

這本書是一個參考指南，可以幫你了解自己的感受、經歷、能量和想法是如何影響你的生理、心理與情感健康。你可以用數種不同的方式來交叉對照，就看你想要專注在病痛或療法的哪一個層面。如果感覺不適，你可以查找自己的病症或者身體遭遇困難的某一部位或系統，以便認識相關的想法和情緒。以下提供幾個獲取相關資訊的方式：

- **依病症**：你可以在第二章以字母順序排列的清單中查找你的病症。閱讀某一疾病的內容時，留意使你產生共鳴的情感。接著，到第三章有關情感的章節進行相關的治療。
- **依身體部位**：每一種病都會貯存在身體的某個部位。閱讀第一章有關那個部位的資訊，接著進行書中描述的內容。你也會找到跟該部位有關的情感，到第三章更進一步地了解。
- **依顏色**：在第四章，你會找到特定顏色蘊含的特質，或許可以協助你恢復身體的活力與健康。你也會了解到不同的顏色如何影響你的情感。結合色彩療癒與相關身體部位或情感所指定的治療法。
- **依身體系統**：我發現，一起治療不同卻互有關聯的身體部位可以創造很強大的成果。如果你不確定哪些身體部位共同組成一個系統，可以讀一讀第五章「身體系統的祕密語言」，接著進行跟該身體系統有關的身體部位治療，包括顏色想像的練習。

當你想要解決的問題同時發生在身體多個部位時，你可能也會決定結合多種方法。舉例來說，假如你感冒喉嚨痛，想要釋放這個狀況，可以讀第二章的「感冒」一節，接著再到第一章有關身體部位的章節進行喉嚨的治療。你也可以結合喉嚨、肺部和胸部這幾個部位的不同治療。如果對某些感受產生共鳴，可以做釋放該感受的治療。白天忙著工作時，你可以使用顏色來簡單地治療，如橘色。你可以想像橘色進入你的胸腔，或者摩擦雙手，想像有一團橘色的光球在兩手之間，接著把手放在喉嚨或肺部處，吸進這團橘光，讓它再生這些部位。

記住，光是閱讀治療的方法並不夠，你必須練習好幾次才能真正獲得成效。

重要提醒

這些治療練習不能取代健康的飲食、運動計畫或適當的醫療照護，但是可以提供額外的支持，讓身體變得更健康、有活力。假如你有醫療症狀或嚴重的疾病，正在服用藥物，請繼續在醫護人員的指示下治療。

即使你有在服藥，還是可以使用本書的資訊與練習來進行自己的治療。參與醫護人員建議的療法的同時，你依然可以練習書中的治療方法、努力傾聽自己的身體，這樣才能持續強化與神聖療癒智慧的連結。隨著連結增強，把越來越多的注意力放在上面，不要去想那些可怕嚇人的數據和資訊，動搖你對自己治癒能力的信心。不要忘記很多人會說到「療癒奇蹟」是有原因的。綜觀歷史，有許多人找到了重拾健康的關鍵，有些甚至加速了身體的癒合或是改變了疾病的走向，讓醫學界大惑不解。然而，治癒需要時間，所以你要對自己有耐心，確保自己獲得所需要的一切支持。只有在醫護人員的指示下才能減少用藥。

生理療法

在寫這本書時，我發現不管你有什麼疾病、壓力、狀況或不適，都跟身體的某一部位有關。你應該閱讀關於不同身體部位的章節，完成治療方法。不要因為這些練習很簡單就低估了它們；這些練習已經解決了許多、許多人的問題。

如果想讓某個療法變得更有效，可搭配跟該部位有關的另一個器官或部位。例如，如果你感冒了，可以一併處理你的肺部、喉嚨和胸腔。如果你強烈感受到某種情緒，那就參閱有關情感的章節，進行其中的療法，幫助自己釋放厚重、令你感覺壓力重重的情緒，像是無力招架之感。

另一個例子是，如果你的生殖系統出現問題，可以閱讀身體系統的章節，了解自己需要學習什麼方法，接著處理相關的器官和情感。或者，假如你有眼睛方面的問題，但是沒有什麼時間處理，那麼你可以進行顏色治療。靛色和紫色非常適合治療眼睛的相關毛病或缺陷。

情感療法

有時，你可能沒有經歷任何生理狀況，卻在一覺醒來後感覺壓力很大、心情鬱悶或挫敗。請參閱第三章有關情感的章節，進行相關療法來釋放該情緒。記住，進行這類療法時速度要緩慢，並且深呼吸。想像自己把負面情緒扔出體外。

我發現，一邊進行療法、一邊動動雙手，效果會更強大。在我的想像直覺療癒工作坊裡，我通常會放一首歌來協助釋放特定情感。接著，我會鼓勵學員動一動、甩一甩身體，以便釋放情感，用雙手把它「拿出」體外，丟進想像出來的垃圾桶中。

色彩療法

色彩療法很棒，在任何地點、任何時候都可以做，而且通常立刻見效。顏色也是一種振動，可以確實在雙手中感受到。不同的顏色會對身體產生不同的效果。

試試這個：摩擦雙手，每一隻手指都要摩擦到。接著，把雙手舉在胸前，微微分開。你應該會開始感覺到癢癢的。現在，想像你正捧著一大球紅色能量。你的雙手可能會覺得有點熱。如果想像不出來，想著「紅色」就好。紅色蘊含無止境的能量、活力與力量。找出身體疲累虛弱的位置，把手放在該部位上方，接著「吸入」紅色，好像你想把它喝進體內一般。接著，一邊緩慢地深呼吸，一邊讓紅色能量在體內擴散。你應該很快就會覺得充滿活力。你也可以把雙手移到全身各處，讓紅色能量在全身上下移動。注意，不要在發炎的位置或頭痛時聚焦在紅色上。

現在，使用藍色進行同樣的練習。藍色帶給雙手的感受應該很不一樣，很有可能感覺比較輕盈、清涼、遼闊。問問自己哪一個身體部位需要藍色，接著把雙手放在該部位上方，將藍色吸進去。藍色很適合平撫心靈、創造寧靜、治癒神經系統。同樣地，靛色也是最能止痛的顏色。把雙手放在覺得痛的部位上方，吸入靛色。讓靛色在全身上下流動，消除任何疼痛與厚重感。

有一次，我在倫敦帶了一個活動。一名女子在我們進行色彩治療練習之後，興奮地跑過來找我，滿臉笑容。她激動到幾乎喘不過氣，對我張開雙手，大喊：「妳看！」我盯著她，只見她瘋狂地在我面前扭動手指。她的朋友看我很困惑，在一旁解釋道，露西患有關節炎，已經兩年無法移動手指了。露西恢復鎮定後，告訴我她在摩擦雙手、想像紅光之後，她的手指變得非常熱，幾乎是到了疼痛的地步。她非常緩慢地呼吸，不想發出任何聲音。後來，在練習藍色時，她感覺到手指涼了下來。不到一分鐘，她的雙手放鬆了，她多年來頭一次能夠自由移動手指。

讀到某個顏色時，你可以摩擦雙手實驗看看，想像、感受那個顏色，並把它導向身體的某個部位。

身體系統療法

身體的各個系統可以助你了解組成特定區域的所有器官、腺體和其他部位。由於身體的每一樣東西都是互有關聯的，同時處理不同的部位會很有用。例如，假設你的荷爾蒙出了問題，就可以去第五章查看內分泌系統的章節。你會發現，這個系統是由下視丘、腦垂體、松果體、甲狀腺、副甲狀腺、胸腺、腎上腺、卵巢、睪丸和胰臟所組成。根據你的狀況，你可以到關於身體部位的章節治療上述的其中一些腺體和器官。我也有提及各身體系統崩壞的原因和給予我們的智慧。

身心健康的人

沒有生病的人，也能從書中的資訊獲得好處。你可以利用這些療法進一步提升自己的健康、直覺和成功。例如，你可以清理神經系統，讓自己感覺更平衡寧靜。你也可以照顧愛、喜悅、幸福等情感，或是處理松果體和荷爾蒙，進一步改善免疫系統。我也鼓勵你閱讀關於手指和腳趾的章節。每一根手指和腳趾都連結到體內的各個器官和能量，照顧它們，你就可以改善整體身心健康。

最重要的是，要好好享受這個過程。把它變得越是有趣、開心、好玩，你就能夠越快感覺美好。

療癒可能很快發生，也可能需要時間。一定要有耐心，時時反覆練習。許多人以為我的疼痛釋放出來後，就不再需要療癒，但我發現這其實只是發現之旅的起點。我每天都會使用這些療法，讓自己感覺更健康、更快樂、更富足、更有自信。

有時，就算是一個小改變也能帶來很大的不同，讓你通往身心健康。試想：你的心情非常差，感覺頭快要痛起來，打算吃一顆阿斯匹靈就上床睡覺。結果，朋友打電話來，邀你出去。你勉為其難地出門，卻看見美麗的夕陽。深呼吸幾次後，你開始放鬆。接著，一名陌生人走過，說了一句善意的話。突然間，你感覺好多了，頭痛也消失了。你在心情愉悅的狀態下跟朋友見了面，兩人相談甚歡。隔天起床時，想到那美好的一晚，你感覺棒極了。你發現人生很快活，於是又開開心心過了一天。

這個簡單的例子告訴你，心理能夠影響生理。如果你身邊有人很負面，總是在批評你，你一定會感覺難過、生氣或害怕。這些情緒會讓身體緊繃、削弱免疫系統，並讓神經系統充滿壓力。如果不釋放這些負面情緒，身體就會開始崩壞，而你就會生病。

心理神經免疫學研究顯示，負面的想法、信念、態度和情感會削弱神經和免疫系統，引起疾病。二〇〇一年，擅長行為醫學的醫學博士瑪果·德·庫克（Margo de Kooker）醫生為身心健康支持計畫（The Wellness Support Programme）寫了一篇科學回顧：

在真實世界裡，心理神經免疫學已證實我們的心理在認知層面所發生的一切……有可能會影響……免疫系統。這個概念並不新潮，古人的智慧向來鼓勵我們要好好維持心理健康，才能保持身體健康。只是現在，我們終於能夠加以證實、了解其中的關聯。

在生理層面，身體一直都在變化。科學已證實，皮膚每個月、胃壁細胞每三天、眼睛細胞每四十八小時、肝臟細胞每六個星期、骨骼細胞每三個月，就會全數更換一次。

最令人興奮的是，有意識地參與自己的療癒過程可協助身體加快再生速度，不讓厚重、毒素和阻塞妨礙你的健康與活力。試想：你決定你想要看得更透徹，於是你花兩天時間照顧自己的視力，因為你知道眼睛細胞每四十八小時會再生。兩天後，你的視力變得非常完美。

我曾得到許多驚人的回饋，說他們使用我的方法之後，成功治好了糖尿病、囊腫、關節炎、背痛、膝蓋問題、心悸、腎臟問題、膀胱癌、偏頭痛、各種皮膚病症、膀胱炎、痔瘡、眼睛問題、憂鬱、焦慮等等。

經常使用這本書，不僅可以幫助身體自癒，還會改變你的人生，釋放出一直令你感到侷限、困頓、恐懼的厚重感與負面能量。你可能一開始就會感覺到明顯的轉變，又或者這些轉變幾乎難以察覺。只要持續使用書中列出的療法，你一定可以發現自己改變了很多。

我在下面收錄了一個傾聽自己身體的方式，跟我用來自我療癒的方法類似。多多練習，你就可以深入認識自己遭遇的挑戰，接著再好好地治療。這個方法可以搭配本書的其他療法一起實行，或者單獨使用。

練習傾聽自己的身體

1. 找一個舒適的地方坐下或躺下。
2. 一邊深呼吸，一邊從三十開始倒數回來，放鬆你的身心。
3. 把注意力放在感覺阻塞或感到疼痛的身體部位。
4. 將綠色吸入這個部位，把手放在那裡。

5. 問問身體：「你是不是想告訴我什麼訊息？」身體給你的訊息可能會以想法、文字、影像、靈感、感受、回憶等形式傳遞。

6. 深呼吸數次，讓任何訊息有時間浮現。不要對任何訊息下評斷。

7. 寫下收到的訊息。

8. 說：「我要召喚神聖療癒智慧幫助我把所有的疼痛、阻塞和厚重感從這個部位釋放出來。」看著並感受厚重能量離開身體。

9. 一邊緩慢地深呼吸，一邊稍稍把頭往後仰，彎曲脊椎下半部。接著，吐氣時把頭回正，打直背部。以輕鬆容易的方式做這個動作。

10. 進行第25頁的色彩療法，使用靛色幫助止痛。

11. 說：「我要召喚神聖療癒智慧，使這個部位充滿療癒能量。我要活化身體所有的免疫機制，讓身體回歸平衡與健康的完美狀態。」

12. 持續呼吸一分鐘，讓能量漸漸累積。

13. 想像一道溫暖的金色光芒流竄全身，修復你的身體。

14. 當你感覺身體變得比較輕盈了，慢慢將意識恢復正常，打開雙眼。你已經啟動了自己的神聖療癒智慧。

你可以每天做這個練習，專注在某個健康方面的問題或是改善、維持全身的健康。你也可以把這個療法當作預防措施，或者讓自己感覺更有力量、自信與健康。

為了更進一步地協助你，我為上面這個練習製作了一個免費下載的錄音檔，搭配練習一起使用會很有幫助。你可以參觀我的網站 www.InnaSegal.com，獲取更多不同療癒層面的資訊和素材。

進行這些療法時，請務必放輕鬆、深呼吸，這樣有助於身體感覺並釋放緊繃與阻塞。在療癒的過程中，想像力是你最大的資產，心靈是你最忠心的僕人。正確運用這兩者，就能得到你想要的結果。記住一件事：健康是你的神聖權利，只要你願意讓它進到你的生命，你便隨時可以獲得它。最大的困難就是恐懼和反抗，但是本書可以幫助你克服。

假如你依然心存懷疑，可以一步一步慢慢來。假如某個療法在你身上發揮的功效沒有你期望的那麼好，那就試另一種。發揮創意，自行調整療法，讓你覺得這就像是為你量身訂做的。

我衷心祈禱你的身心健康及生活中的其他層面都能經歷很大的改善。請好好沉浸在這本書中，從現在開始發掘你的身體的祕密語言。

Chapter1

身體的祕密語言

The secret language of your body

治療致病的情感、心理與能量根源

在接下來的章節裡，你會讀到有關各個器官的資訊和相關失調可能出現的症狀。請利用這個章節和其他章節的內容來引導你認識自己的健康。

讀完一個身體部位後，傾聽自己的身體，找出令你感同身受的症狀。接著，完成該部位的療法。你可能也會覺得有需要進行第三章「情緒的祕密語言」的情緒釋放療法。

每一個練習都會要求你放鬆身體，因為放輕鬆是療癒的最佳狀態。深呼吸也能幫助你把注意力放在該部位，讓你感覺到阻塞的地方。要治癒，就要先感受。當你明白是什麼使你阻塞，厚重、緊繃和壓力就會開始消散，取而代之的是全新的覺察、力量與健全之感。

人人都有想像的能力。想想你的臥室：裡面有什麼家具？房間是什麼顏色？你最喜歡哪一件衣服？是什麼顏色的？要回答這些問題，你就必須在腦海中創造影像。你可能會說，你沒辦法很清晰地看見那些影像，只是有個印象。這樣也沒關係。影像就算不清楚，你還是可以得到想像帶來的好處。意念才是最重要的。如果要你在腦海中想像藍色，你卻無法完全想像出來，請不要沮喪。只要你希望運用藍色的療癒屬性，你就還是可以獲取相關的好處。練習得越多，影像就會變得越清晰，因此要有耐心。

然而，想像跟傾聽身體不同。當我說要「傾聽」身體的某個部位，我的意思是把注意力放在那個部位，把氣息帶到那個部位，感受那個部位在發生什麼事。有些人會看見靜止的畫面，有些人會看見動態的影像；有些影像很清晰，有些影像很模糊。你可能會看到器官當下的狀態，也有可能想起許多年前發生在你身上的事件。你也有可能不會收到影像，而是產生一種強烈的感覺、一個不尋常的想法或是一個在你腦中縈繞不去的字。

你問的問題會得到的徵兆或答案，可能在傾聽身體的當下就會出現，也有可能之後才出現。你可能會聞到使你想起某個人或某件事的氣味，也有可能口中出現一種怪異的味道。無論收到的是畫面、影像、感受、想法、聲音、氣味或味道，都不要加以評斷。無論答案是以何種形式出現，根據你所得到的資訊來進行療法便是。你收到的任何資訊都很重要，是邁向治癒的一塊拼圖。

使用神聖療癒智慧治癒身體

在許多療法練習中，我都會提到「神聖療癒智慧」這個詞。我相信每個人的身體都有神聖的智慧，即使在你毫不知情的情況下，也能夠讓心臟跳動、血液竄流、頭髮生長。倘若割到手，同樣的智慧會使傷口痊癒。只要求助於原先知道如何治癒身體的智慧，治癒的過程就會更快速、更有效。有些人會說這是所謂的潛意識，但是我相信我們全都是擁有更高智慧的靈性生物。這個大智慧透過我們自己發揮功效，無論是在潛意識或有意識的狀態下。

在接下來的章節所收錄的療法中，我會鼓勵你釋放「所有的觀點」。我發現，我們許多人都持有一些限制我們療癒與成長的信念。有些人可能會擁有一種他們自認十分正向的觀點，結果卻發現這樣的觀念使他們困在某種模式裡。比方說，有人可能會認為跟擁有相似宗教信仰的人結婚是個很正向的觀點。然而，若他們的孩子愛上不同信仰的人，這個觀點就有可能使父母和孩子之間出現衝突。假如他們一直困在這個觀點裡，他們跟自己的孩子之間的關係就有可能受到傷害，造成許多不必要的痛苦與折磨。事實上，父母執拗的觀點甚至會讓孩子心生反抗，去靠近那些對他們可能不是最好的人。因此，我們應釋放所有的觀點，釋出空間連結神聖、最能賦予我們力量的觀點。

療癒宣言的另一個重點是，釋放正面和負面的激情。所謂對某個人事物產生激昂之情，意思是對該人事物產生強烈的反應。負面的激情是以憤怒、憎恨、恐懼、嫉妒等強烈的負面感受為基礎；正面的激情是以強烈的需求、期盼、迫不及待等感受為基礎。

舉例來說，你可能因為剛得到一份新工作，感到興奮不已。你很期待在這份新工作裡能夠做些什麼、學到什麼。然後，你發現事實跟你所希望的大相逕庭，因此你感到挫折憂鬱，正面的激情就變成負面的了。理想的情況是，我們要釋放所有的激情，讓神聖、同步與身心的健康流進我們的生命。

為了幫助你做到這點，我的療法總是會出現「清空」這個詞，提醒你把所有的厚重、痛苦、壓力和侷限從心靈、身體、情感和振動之中清空。當你反覆唸出「清空」這個詞時，要想像掃帚或吸塵器從你體中清走任何垃圾，清出一條讓你在生命裡體會美好事物的道路。複述這個詞多次，直到你察覺有東西被清走了：你會感覺比較輕盈、自在、自由、出現刺癢感，或者對全新的可能性抱持更開放的心胸。

我也發現，經常複述「清空」這個詞、花點時間想像，直到你感覺多餘的東西消失了，你會開始對你的人生感到更透澈，你的記憶力會改善，你也更能實現自己渴望的事物。你的身體也會運作得更好，因為每當你說出「清空」這個詞，神經系統就會開始清理阻塞的地方，改善心靈與身體之間的溝通管道。有些人立刻就會在做完這些練習後得到成果，但要是你沒有，請別忘了，就像疾病不會一夕之間產生，重新找回身心的健康有時候也會需要時間。

你的雙手也是很棒的療癒小幫手。在好幾個療法中，我會指示你把雙手放在不同的身體部位上，想像某種顏色從手中傳出。每一種顏色都有一種能量振動，可以幫助不同的器官修復與再生。

你也會發現，在許多療法中，我會鼓勵你問自己問題，發掘自我感受，找到為了改變生命可以採取的行動。這些問題對你的身心健康與內在實現極為重要，因為你的生命經驗跟你願意提問的問題的品質有關。如果你老是問一些剝奪自我力量的問題，像是「為什麼沒有用？」或「為什麼我總是失敗？」或「為什麼不好的事情會發生在我身上？」你得到的結果就會是負面的。反之，如果你問的是賦予自我力量的問題，像是「我可以怎麼做？」或「我要如何成功？」或「在短時間內治好自己的方法可能有哪些？」你就會發現整個宇宙都會幫你更快、更容易地治癒、成功、達到目標。

你可以從療癒過程中得到什麼

你有機會利用想法、文字、感受、信念、振動、觸摸、動作、想像和調息為自己的身體和生命帶來轉變。記住，當你感到痛苦與不適，就表示身體想告訴你你需要改變。越能傾聽自己的身體，你的人生就會越輕鬆、喜悅、令人滿足。你有機會傾聽自己的神聖智慧，收到你所需要的一切指引。這份指引不只跟健康有關，也跟人際關係、事業、心理與情感健康以及靈性成長有關。

想要得到最佳成效，我建議你每天做這些練習。有時，你會需要每天重複同樣的練習數次，持續一個星期以上的時間；有時，症狀可能幾個小時就消失了。

前面提過，當你感覺很好的時候，可以快速完成一個練習，讓自己感覺更舒坦。我發現很多人都要等到生病了才開始照顧自己。我常聽到，有些人感覺很好的時候，就不再去做那些使他們成長的事情，直到他們再次感到阻塞、生病或不快樂。想像一下，如果每天都能越來越舒坦，人生會變得多麼愉悅。

很多人展開治療後因為沒有立即看見成果，於是又放棄了。他們告訴自己，治療太難、不可能成功或是時間不夠。假如你以前曾有這樣的感受，必須摒棄這些信念，開始堅定地歡迎絕妙的健康和成功來到自己的生命。

負起責任

想要經歷神奇的治癒，你就必須願意付出，為自己的行動負責。負責的意思不是責怪自己身心不適，而是察覺之前所做的選擇或決定有哪些帶來了不好的結果。你可以決定改變方式，找出什麼能讓自己的生命和健康變得更美好。

一名年逾六十的女性蘿拉跟我接洽，因為她睡不著、經常劇烈咳嗽，並且有哮喘、關節炎和背痛的狀況，幾乎無法走路。她諮詢過物理治療師、心理醫生、一般醫生、整骨師等，但是都沒有改善。我替這些病症打造一套療法，幫助蘿拉處理使她長期困頓的情緒。

首先，我發現十年前蘿拉被控不忠，使她大受打擊。從那一刻起，她的健康一路下滑。

療程一開始，我們一起處理了她的憤怒、悲傷、憂鬱和埋怨等情緒，蘿拉也花了時間原諒一些當事者。她馬上就感覺變得更自由，背痛也有所減輕。

我教導蘿拉一套可以幫她釋放負面想法與厚重感並以正面想法和感受取而代之的療法。接著，我跟她分享一些治療胸部、背部、關節和腿部問題的療法。

蘿拉每天都進行這些療法，每次我跟她面談，她都說自己有進步。她極興奮地告訴我，她有一天晚上終於能夠釋放哮喘的狀況，安安穩穩地睡上一覺。才開始自癒幾天，她就不咳嗽了。短短幾個月內，蘿拉幾乎不用費力就能行走，身體變得更有彈性，生命也體驗到更多快樂。

當蘿拉開始願意負起責任、理解身體試著告訴她的訊息時，她徹底改變了自己的生活，成功獲得療癒。她不讓人生的境遇使她變成受害者，成功獲得力量，重拾身心健康。

你準備好為自己的身心健康負起責任了嗎？你願意把療癒放在第一位嗎？如果你的答案是肯定的，那就表示你可以開始行動了。我很期待聽聽你的成功事蹟！

請把你的成果寫信告訴我，讓我分享這些故事，激勵他人重拾健康。如果你需要額外的協助，本書最後面有取得更多工具的管道，可以幫你變得更有活力、更喜樂，在人生的所有層面變得更成功。

療癒的十大原則

「療癒」的意思就是健全。想要在所有層次上皆獲得療癒，我們就一定要考慮讓身體健康的每一個面向。

原則一——健康為首要之務

致力於讓健康成為首要之務。這意味著，相信你自己是個寶貴的生命，值得完美的身心健康。把健康放在第一位也會使你有機會檢視自己的思想：你是否心胸開放，願意探索疾病或不適的根源，並且努力釋放可能導致這些狀況的負面能量？還是說，你把療癒定義為吃藥，並可能同時停止身體運作？

真正的療癒指的是傾聽身體試圖傳達給你的訊息，接著做出相應的改變，在你的身體和生命裡創造出輕盈與流動，而非疾病和阻塞。

原則二——感受自己的情緒

感受自己的情緒，不要埋藏。許多人花很多時間思考而非感受，因為他們發覺「感受」給他們的體驗很不舒服。不喜歡的感受出現時，他們會試著透過讓自己分心、看電視、吃垃圾食物、講電話、看書、聽音樂、抽菸、吸毒等方式壓抑情緒。然而，情緒掌握了身心健康的關鍵。情緒會告訴你，什麼使你感到光榮，什麼沒有；你的人生是否朝著應該前進的方向前進；你是否走錯了方向。

情緒讓你有機會成長、釋放疼痛、達到理想體重、創造改變，並卸下使你無法感受到健康、平靜與喜悅的心防。

原則三——有意識地呼吸

有意識地呼吸。許多人的呼吸很淺，因此導致身體緊繃、滯礙，必須付出更多努力運作。當你能夠緩慢、深沉、有意識地呼吸，就可以感受自己的身體、傾聽直覺、放鬆心情、淨化血液。氣息將能量帶到身體各處循環，也會使你感覺更有能量、更健康。

原則四——選擇健康的飲食

有意識地選擇健康的飲食。大部分的人都知道要吃什麼才健康，但是在壓力沉重又忙碌的生活裡，人們很容易選擇含有大量脂肪、糖、咖啡因和有害化學物質的速食餐。人們常常吃得快又邊移動邊吃東西，沒有感受自己吃了什麼或者真正去品嚐、享受食物。這會使他們吃得比身體所需的還多。

想要健康，就要吃得健康，讓食物滋養身體，帶給你能量、活力和健康的身心。花點時間烹煮健康的食物，並慢慢享用，有意識地咀嚼，這麼做就能讓身體有機會快速輕鬆地治癒與再生。

原則五——動動身體

動動身體。很多人會抱怨自己感覺阻塞、鬱悶、沒有靈感、體重過重。但，每個人其實都有能力規劃一套運動計畫，藉此創造並維持理想體重，讓自己變強壯、健康、精實、體能好。規律運動可以讓你感覺美好、享受身體、擁有更多精力，還能排毒療癒。安排你自己喜歡的運動計畫，如散步、游泳、上健身房、跳舞、瑜伽、練武、打太極拳等。

原則六——傾聽身體

傾聽身體。要知道自己什麼時候需要休息、玩樂和工作。你自己的週期是什麼？最好的自己是什麼？你可以做些什麼，讓每一天變得更有生產力？當你不傾聽自己的身體，壓力、緊繃、恐懼、挫折、焦慮和疾病就會入侵。每隔幾個小時就休息幾分鐘，拉拉筋、深呼吸，甚至是短暫冥想，就能從疲勞、阻塞和充滿壓力的感受中解放，感覺健康、富有創造力、身心放鬆。

原則七——發揮創意

發揮創意。創意使你有機會放鬆、玩樂、探索，也讓你有機會學習、成長、發掘自我天賦。一個人在發揮創意時，通常會獲得更多靈感和想像力。玩樂與創作會延年益壽，所以請找到可以幫助你用創意的方式表達自己的活動。

原則八——為生活增添色彩

為生活增添色彩。有些顏色令人沉重、憂鬱、疲憊，有些顏色令人輕盈、充滿活力、喜悅。找出讓你感覺很棒的顏色以及這些顏色的特質，接著把它們增添到你的生活中。例如，如果綠色使你感到放鬆寧靜，可以把牆壁漆成綠色的；穿著亮橘色的服裝，讓你感覺活力充沛；冬天時，在家裡擺放更多鮮花，增加欣欣向榮感。無論如何，把生活變得繽紛一點就對了。

原則九——心存感恩

心存感恩。把注意力放在生命中一切的美好，不要惦著自己沒有擁有的事物，抱怨自己缺乏什麼。記住，你的注意力放在什麼東西上，那個東西就會增加，所以如果你選擇專注在令你不快樂的事物上，那些事物就會變多。

原則十——笑最重要

笑是最重要的。有很長一段時間，人們認為笑是需要理由的。然而，大笑的好處多多，因此為笑而笑已經變成世上無數參與「大笑俱樂部」的人的座右銘。甚至還有所謂的大笑瑜伽，傳授的是特殊的大笑練習。以幽默的角度看待生命，可以讓你釋放壓力，更快獲得療癒。

生理失調指南及治療建議

我在主持想像直覺療癒工作坊或進行各種療法時，發覺身體的每一個部位都會根據該部位的功能貯存特定的情感、想法、回憶、能量和經驗。比方說，眼睛的功能是觀看，所以如果眼睛有問題，很有可能跟你不想在生命中看見的東西有關。

本章節的宗旨是要幫助你看清造成身體某一部位出現病症的各種可能成因。當你能夠察覺那些阻礙、問題和限制，就可以開始釋放它們。這些療法會運用到許多元素，包括想法、感受、呼吸、針灸、運動、想像、動作、問題及五官。如果你對哪一個器官或部位不熟悉，難以想像可以參考（第373和374頁）的附圖，圖中描繪了身體各部位。

每個練習的最後面都列出可能適合搭配的情緒和色彩練習，以加快療癒的速度。請參閱第三章，先從最明顯的情緒開始治起，接著練習你希望可以更常感受到的正面情緒。如果書中沒有提到你所感受到的情緒，那就進行大略的情感療法程序。

別忘了，把這個章節蘊含的資訊當作一個指引就好。書上列出來的可能因子不可能每一個都使你產生共鳴，所以你要傾聽身體，獲得自己的答案。就連那些健康的想法和情感也都只是讓你參考用的。雖然我在撰寫這些練習時，經常是為了讓剛開始學習以健康情感取代滯礙感受的讀者更容易明瞭，但是其實任何探索階段的人都可以應用這些練習療癒自己。因此，請把我的指示當作一個起始點，適度調整，讓這些療法為你發揮更大的力量。

腹部

可能成因

難以消化生活；易抓著過去的有害情感、想法和傷痛不放；總是害怕擔心未來，導致當下充滿掙扎與痛苦；經常對於該怎麼做、該做出何種抉擇感到不安全與茫然；認為自己不夠好的感覺根深蒂固；害怕被拒絕和失敗；想要成為注意力的焦點，卻又害怕被審視。

療法

使用鼻子深吸一口氣，接著從嘴巴緩緩吐出。盡可能地放鬆腹部。如果感覺腹部疼痛，想像自己拿著一把吸塵器，把腹部所有的厚重、毒素和疼痛吸走。

說：「神聖療癒智慧，我請求你釋放我腹部的一切有害想法和感受、過去痛苦的經歷、阻塞、掙扎和拒絕，還有造成這個狀況的所有觀點、模式以及正面與負面的激情。」反覆說「清空」一詞，直到你感覺有變化發生。

把雙手搓得熱熱的，出現刺癢的感覺，接著放在腹部上。

說：「神聖療癒智慧，請注入自在、放鬆和自由的感受和體驗。現在，我歡迎療癒、愛與賦予力量的能量進入我的生命。謝謝你。」

允許身體吸收神聖療癒智慧和你的雙手所傳遞的美好能量。現在，想像一下完全健康、自信和安全的感覺是什麼樣子。你會有什麼想法？你會有什麼感受？你會有什麼生命經驗？你的姿態會是什麼樣子？別人會怎麼回應你？讓自己看見、感受、經歷這些。

完成之後，走到外面找一塊石頭。拿著這塊石頭，重複先前的想像練習，看著自己變得更健康、更有自信。這次，把整個過程變得更強烈。接下來一個月，把這塊石頭帶在身上。每當你需要自信心或提升療癒能量時，就緊握這塊石頭。

說：「神聖療癒智慧，請治療並再生我的腹部以及所有相關的器官，讓它們變得完全健康有活力。謝謝你。」

- 搭配練習的不健康情緒（第292頁）：恐懼303；挫折306；拒絕318

• 搭配練習的健康情緒（第327頁）：平靜337；放鬆338；自由332
• 搭配練習的顏色（第346頁）：黃360；橘353

腎上腺

可能成因

缺乏精力或覺得疲憊；感覺情緒失調不穩，一下快樂滿足，一下悲傷絕望；經常出現一陣偏執、恐慌、恐懼或焦慮，常伴隨人生方向走錯的感覺；難以下決定；覺得困在「打或逃」反應中；有些人會感覺憂鬱、空虛、沒用和筋疲力盡。

療法

使用鼻子深吸一口氣，接著從嘴巴緩緩吐出。進行三遍。接著深呼吸，專注地讓腎上腺充滿能量。想像你的腎上腺充滿綠色的振動能量。吐氣時，專心地放下任何厚重、恐懼與壓力，這可能會在你腦中形成這樣的畫面：灰暗與厚重從你的腎上腺釋放出來。進行5～8遍。

說：「神聖療癒智慧，我請求你釋放我腎上腺裡的一切恐懼、焦慮、絕望、疲憊、勞累、壓力和阻塞，還有造成這個狀況的所有觀點、正面與負面的激情以及所有限制性的模式。」反覆說「清空」一詞，直到你感覺有變化發生。

說：「神聖療癒智慧，請注入精力、移動、平靜和信任的感受和體驗。謝謝你。」

把注意力放在你的雙手，想像自己捧著一球球橘色的能量。碰觸腎上腺，讓這些橘色球體穿透進去。開始清除任何殘存的厚重感；釋放過去經驗的任何故事與回憶；放下疲憊和筋疲力盡的感覺；平衡體內的荷爾蒙、水分和壓力反應。感覺振動能量回到你的生命中，專心地朝對的方向移動。問一些諸如以下的問題：「我要怎麼朝對我最好的方向移動？我要如何連結神聖指引系統？」讓答案自然來到你的生命裡。你可能會經由靈感、一本書、一個經歷或其他方式得到回答。要有耐心，允許一切可能。

說：「神聖療癒智慧，請治療並再生我的腎上腺以及所有相關的器官，讓它們變得完全健康有活力。謝謝你。」

- 搭配練習的不健康情緒（第292頁）：悲傷307；絕望312；困頓325；憂鬱299
- 搭配練習的健康情緒（第327頁）：快樂333；自由332；透澈327
- 搭配練習的顏色（第346頁）：橘353；綠349

腳踝

可能成因

覺得肩負太多責任而被壓垮；擔起太多事，然後感覺腳踝彷彿被枷鎖綁住；感覺困在具毀滅性的感情、友情、工作或情況之中，不知道如何離開；認為自己別無選擇；因害怕犯錯而無法信任、前進和擁抱自己的夢想；想要自己永遠是對的；感覺失去平衡，不知道下一步怎麼走。

右腳踝

被男性權威角色挑戰；跟隨父親的腳步；把自己的力量或點子交給另一個人，如愛人、上司或父親的角色；擁有太多責任；試圖取悅他人；無法拒絕他人或捍衛自我。

左腳踝

難以傾聽自己的聲音或自己的建議；相信自己必須成為他人的奴隸，特別是你的孩子、伴侶或工作；沒有花費夠多時間照顧自己，發掘什麼對你來說是重要的。

療法

把注意力放在腳踝上。深呼吸，讓氣息竄流全身。你的腳踝感覺怎麼樣？是否感到緊繃、僵硬或疼痛？什麼東西在壓著你或綁住你？

腳踝用力，接著鬆開。花幾分鐘的時間按摩腳踝，直到它們變得比較放鬆。注意察覺腳踝上是否綁著能量或情感方面的枷鎖，如果有，請讓自己移除枷鎖。你可以閉上眼睛，感覺或看見那些枷鎖，接著用手取下它們，扔進紫色的火焰。

說：「神聖療癒智慧，我請求你化解我腳踝上的一切心理、情感或能量枷鎖，請釋放我生命中的一切軟弱、困惑與混亂，還有造成這個狀況的所有觀點、模式以及正面與負面的激情。」反覆說「清空」一詞，直到你感覺有變化發生。

說：「神聖療癒智慧，請注入力量、強大、秩序與尊嚴的感受和體驗。現在，我選擇帶著自信、確信與清澈的心走在自己的道路上。謝謝你。」

想像你踩著清楚、刻意、自信的腳步往前進。現在，站起來，走幾步路。專心地走向你的渴望。在沒有任何沉重枷鎖的狀況下前進是什麼感受？現在前方出現了哪些可能？擁抱正面的可能。告訴自己，你看得見、感受得到自己正在創造你熱愛的生活。吸入對這個決定感到喜悅快樂的感受。

說：「神聖療癒智慧，請治療並再生我的腳踝以及所有相關的器官，讓它們變得完全健康有活力。謝謝你。」

- 搭配練習的不健康情緒（第292頁）：困頓325；恐懼303；招架不住304
- 搭配練習的健康情緒（第327頁）：同情328；平靜337；寬恕331
- 搭配練習的顏色（第346頁）：粉紅354；綠349

肛門

可能成因

難以放下過時的家族觀念和恐懼；對過去做出的決定感到愧疚、懊悔、不自在；緊抓對自己和他人的憤恨不放；害怕失去與被拋棄；無法原諒過去，從中學習；老是批評自我與他人；對自己和自己的生活感到不快樂；覺得無論自己做什麼都不夠；試圖掌控生命；感覺遭到背叛，自己以為是那樣的事物並非如此；相信自己的生命不值得美好。

療法

把注意力放在肛門上。深呼吸，讓氣息竄流全身。專注地放下。當你花錢買了一樣東西，你放下一些錢，換來一樣東西；當你搬家，你放下過去的家，迎接新的家；當你放下痛苦，你就是在歡迎美好進入你的生命。

緩緩地深吸一口氣，輕輕擠壓肛門的肌肉。吐氣時，鬆開肌肉。擠壓時，把注意力放在緊抓著不放的負面情緒或信念；鬆開時，專心地放下這情緒或信念。

說：「神聖療癒智慧，我請求你釋放我肛門的一切愧疚、責怪、批評、憤恨、過時的恐懼和阻塞，還有造成這個狀況的所有觀點、模式以及正面與負面的激情。」反覆說「清空」一詞，直到你感覺有變化發生。

搓一搓雙手，接著稍微把手分開，注意力放在刺癢的感覺。想像雙手之間有橘光。把手放在肛門上。吸入橘光，讓它清除肛門裡的所有毒素。你可能會感覺到體內的刺癢感和變化調整。在變化發生期間，持續呼吸一分鐘。

說：「神聖療癒智慧，請注入智慧、信念與自信的感受和體驗。謝謝你。」

允許自己前進，做出能帶給你力量的決定，為你的生命帶來快樂與健康。

說：「神聖療癒智慧，請治療並再生我的肛門以及所有相關的器官，讓它們變得完全健康有活力。謝謝你。」

- 搭配練習的不健康情緒（第294頁）：恐懼 303；愧疚 309；憤怒 294
- 搭配練習的健康情緒（第327頁）：寬恕 331；自由 332；愛 336
- 搭配練習的顏色（第346頁）：橘 353；褐 348；綠 349

手臂

可能成因

難以表達自我；感覺阻塞、無力、沒有彈性；害怕改變；想做的總是太多或太少；有所保留；經歷掙扎和抗拒；因內在的限制和衝突而錯過許多美好的機會。

右臂

貯存生命中的男性角色的壓力、痛苦、限制或憤怒：父親、兄弟、叔伯、堂表兄弟、朋友、愛人、丈夫、兒子等；感覺被控制或過度控制他人；完美主義；因太過糾結小問題而錯過許多很棒的機會。

左臂

緊抓生命中女性角色的痛苦、悲傷和恐懼不放：母親、姊妹、女兒、朋友、愛人、上司等；感覺自己被利用或不被重視；感覺招架不了，好像想把別人推開；試圖承擔他人的擔憂和問題，結果因為你無法解決別人的問題而感到沉重、疲累和沮喪。

療法

把注意力放在手臂上。先輕輕地甩手，彷彿你要甩掉所有的壓力、恐懼與負面能量。想像你的面前有一個垃圾桶，而你正把所有的厚重感甩到垃圾桶裡。甩手三十秒左右，接著停頓十五秒，感覺手臂刺刺癢癢的，還有一種如釋重負感。重複甩手的動作 3～5 次，直到手臂感覺變得比較輕盈。假如你不能甩手臂，就輕輕地按摩或請別人幫你按摩手臂，直到手臂變得比較放鬆。

說：「神聖療癒智慧，我請求你融化一切的心理、情感或能量壓力、痛苦、憤怒、擔憂、操縱和掌控，請釋放我手臂的一切恐懼、悲傷、抗拒與缺乏彈性的感覺，還有造成這個狀況的所有觀點、模式以及正面與負面的激情。」反覆說「清空」一詞，直到你感覺有變化發生。

深呼吸數次，專心地放鬆手臂、肩膀、手掌和手指。想像一道橘色的能量流入每一隻手臂，來回尋找任何的疼痛、緊繃、厚重或滯礙，找到時便開始發熱，消除任何疼痛、厚重或滯礙。你讓手臂越放鬆，疼痛、厚重或滯礙就越快釋放。

完成後，想像你把手臂泡在翠綠欲滴的能量中，感受這溫暖、充滿活力的能量再生你的手臂。允許自己在生活中變得更有創意、更懂表達。

說：「神聖療癒智慧，請注入創造力、健康的自我表達、平衡、強大與勇氣的感受和體驗。謝謝你。」

說：「神聖療癒智慧，請治療並再生我的手臂以及所有相關的器官，讓它們達到最大的力量、活力與彈性。謝謝你。」

- 搭配練習的不健康情緒（第294頁）：困頓325；恐懼303；控制296；招架不住304
- 搭配練習的健康情緒（第327頁）：自信329；支持340；自由332
- 搭配練習的顏色（第346頁）：橘353；粉紅354；綠349

動脈

可能成因

感覺跟心失去了連結；相信他人的負面情緒和限制；因過去受過傷而害怕愛人；生活令

你感覺封閉、沒有啟發；把自己逼得太緊；家庭或職場衝突；限制自己的自我表達與創造能力；感覺缺乏養分和跟心的連結；拒絕溝通；阻礙自己與他人的連結；感覺茫然、無力、無精打采；忽視自己的直覺與渴望；某些人會感覺自我憎惡、恐懼和責怪。

療法

說：「神聖療癒智慧，我請求你化解一切使我無法付出愛的阻礙。請幫助我化解我動脈裡的一切負面能量、衝突、限制、自我憎惡、恐懼和責怪，還有造成這個狀況的所有觀點、模式以及正面與負面的激情。」反覆說「清空」一詞，直到你感覺有變化發生。

搓一搓雙手，接著稍微把手分開，想像雙手之間有粉紅光。把手放在胸口。吸入粉紅光，讓它圍繞動脈，平撫、柔化、治癒之。

說：「神聖療癒智慧，請注入愛的感受和體驗，讓我跟心的智慧深刻連結。現在，我願意學著愛自己與他人，吸引關愛、喜悅、尊重和榮耀的關係到我的生命裡。謝謝你。」

說：「神聖療癒智慧，請治療並再生我的動脈以及所有相關的器官，讓它們變得完全健康有活力。謝謝你。」

參見心臟（第113頁）。

- 搭配練習的不健康情緒（第294頁）：恐懼303；憎恨310；評斷315
- 搭配練習的健康情緒（第327頁）：自信329；愛336；寬恕331
- 搭配練習的顏色（第346頁）：粉紅354；綠349；藕紫352

背部

可能成因

感覺沒有支柱、無力招架、壓力太大；背負從過去便開始壓抑的未解情緒。

上背

肩負著全世界；該做的一切事物使你倍感壓力，無力招架；缺乏信任感，時常感到擔憂、害怕、負面、完美主義和限制；感覺生命和周遭的人沒有支持你；思考太多。

中背

困在過去；緊抓愧疚與怨念不放；難以吸入、納入生命；情感不穩；對於他人的信念、想法、評斷和批判過度敏感；難以原諒自己和他人過去犯下的錯誤；把注意力放在錯的事物、而非對的事物上。

下背

對於如何給予自己經濟上的支持感到不安心；老是擔心自己的生存以及要如何負擔生活費；緊抓兒時未解的憤怒情緒不放；覺得自己像受害者；掙扎、受折磨、控制慾強；把注意力放在各種限制、負面能量以及自己做不到的事情，而非做得到的事情。

療法

把注意力放在背部。一邊緩慢地深呼吸，一邊稍稍把頭往後仰，彎曲脊椎下半部。吐氣時，把頭回正，打直背部。重複這個動作數次，直到呼吸變得平穩放鬆。

留意是背部的哪一段積蓄了厚重和負面的能量。把手放在那段背部上，深呼吸三次，將氣息帶到這個部位。問問背部有什麼訊息想傳達給你，無論是想法、情感、感受、影像或回憶都好。給自己一點時間找到、接收這些訊息。你也可以把訊息寫下來，體會這些能量、故事和感覺帶給你的痛苦。

打直背部，接著放鬆，重複進行五到八次。專心緩慢地深呼吸，釋放所有的壓力和緊繃感。留意背上肩負的任何沉重負荷，這可能是生活中所承擔的責任、累積已久的擔憂和壓力或憤怒和恐懼。你可能也會感覺別人從背後捅了你一刀，對方可能是家人、舊情人、同事或朋友。

傾聽自己的背部，留意你身上背負了多少包袱。允許自己把所有的包袱、壓力或刀子釋放到一團紫色的火光中。你可以想像厚重的能量移出背部，進入紫色的火焰，或是用雙手把那些刀子、阻塞、恐懼和痛苦拿出體外，丟進火焰之中。

說：「神聖療癒智慧，我請求你釋放我背上的一切擔憂、憤怒、掙扎、折磨、衝突、受害者情結以及我所背負的情感和心理包袱，還有造成這個狀況的所有觀點、模式以及正面與負面的激情。」反覆說「清空」一詞，直到你感覺有變化發生。

想像一道美麗的金光穿過你的背部，釋放出任何厚重與緊繃。緊繃感被釋放後，想像你被綠光包圍，支持你的背部和神經系統。

說：「神聖療癒智慧，請注入支持、信心、自我信念、信任、自由、豐裕和成功的感受和體驗。謝謝你。」

說：「神聖療癒智慧，請治療並再生我的背部以及所有相關的器官，讓它們達到最大程度的強壯、活力與彈性。謝謝你。」

- 搭配練習的不健康情緒（第294頁）：擔憂326；憤怒294；壓力323；挫折306；招架不住304
- 搭配練習的健康情緒（第327頁）：平靜337；支持340；成功341
- 搭配練習的顏色（第346頁）：金349；綠349

膀胱

可能成因

感覺怯懦、優柔寡斷、沒有效率、不悅、暴躁、悲傷、愧疚；無力與挫敗感；對伴侶或親近的人感到憤怒或「不爽」；希望自己身在他方；緊抓過去的擔憂不放，使你無法前進；沒有設定底線；需要自己的空間。

療法

深深吸氣數次。把手放在膀胱上，傾聽自己的感受。你是不是對生命中的某些人事物感到憤怒、不爽或不悅？你是否讓不悅控制了自己的生命？

說：「神聖療癒智慧，我請求你化解我膀胱的一切憤怒、猶豫不決、軟弱、暴躁、無力和擔憂的感受，還有造成這個狀況的所有觀點、模式以及正面與負面的激情。」反覆說「清空」一詞，直到你感覺有變化發生。

搓一搓雙手，接著稍微把手分開，注意力放在刺癢的感覺。想像雙手之間有一球黃色的療癒能量，請求神聖療癒智慧讓這球能量變得更強。你甚至可能看見或感覺到金色的陽光賦予這顆球能量，使它變得更強大有效。

把手放在膀胱，讓這顆球深深貫穿你的膀胱。把注意力放在這顆金球散發的溫暖，讓它分解、淨化膀胱內的生理、情感及心理厚重與緊繃。觀察這些變化，直到膀胱恢復到完美的健康與活力為止。

說：「神聖療癒智慧，請注入自信、肯定、果決、和諧、快樂、幽默、喜悅的感受和體驗。謝謝你。」

想發揮更強大的效果，可以輕輕發出「OOO」（像是英文字「you」的音）這個母音，把聲音導到膀胱，讓這個聲音在你的膀胱裡灌注療癒和平衡的能量。發聲一到兩分鐘。

說：「神聖療癒智慧，請治療並再生我的膀胱以及所有相關的器官，讓它們達到最大程度的強壯、活力與健康。謝謝你。」

- 搭配練習的不健康情緒（第294頁）：憤怒294；埋怨320；悲傷307；

挫折306

- 搭配練習的健康情緒（第327頁）：寬恕331；快樂333；自信329
- 搭配練習的顏色（第346頁）：黃360；綠349

血液

可能成因

經歷緊繃、不快樂、被拒絕、愧疚、羞恥、懷疑和抗拒；難以跟伴侶、家人、好友或同事好好溝通；壓抑創造力；漠視夢想和渴望；承擔祖先的恐懼和自己的壓力，進而導致或惡化血液方面的失調；因缺乏自尊、感覺沒用而痛苦；因創傷經歷或喪失重要的人而失去生命的意義。若是孩童，可能出現衝突感或沒受到支持的感受；認為父母爭執吵架是自己造成的。

療法

要再生和淨化血液，請專心想著亮紅色。想像你正將一道亮紅色的光芒導向身體各處，從腳趾開始移到腳掌、小腿、大腿、身體軀幹和頭部，再往下移。留意血液阻塞、流通不順的部位，在該部位加強亮紅色。你可能會感覺溫暖或刺刺癢癢的。把亮紅色光芒變成吸塵器，吸入、化解所有厚重。假如手臂、手掌、腿部和腳掌的能量感覺阻塞了，就輕輕搖晃之，幫助血液流通。

想消除血液方面的問題，你也可以用力按摩該部位，或甚至用梳子把皮膚刮得紅紅癢癢。說：「神聖療癒智慧，我請求你化解我血液裡的一切緊繃、不快樂、抗拒、拒絕、恐懼、煩惱和壓力，還有造成這個狀況的所有觀點、模式以及正面與負面的激情。」反覆說「清空」一詞，直到你感覺有變化發生。

說：「神聖療癒智慧，請加強我與他人清楚誠實溝通的能力，幫助我體會喜悅、開懷、快樂與平靜，允許我自由表達自我和發揮創意。謝謝你。」

專心地進一步喚醒血液，使用紅光加熱血液，接著再用藍光冷卻血液。進行這個動作8～10次。在全身上下各處移動，先加熱、後冷卻。

說：「神聖療癒智慧，請治療並再生我的血液，讓它達到最大程度的強壯、活力與潔淨。謝謝你。」

- 搭配練習的不健康情緒（第294頁）：拒絕318；愧疚309；羞恥322；恐懼303；壓力323；自尊低落317
- 搭配練習的健康情緒（第327頁）：寬恕331；喜悅335；同情328；自信329
- 搭配練習的顏色（第346頁）：紅356；藍337；藍紫358；綠349；靛351

骨頭

可能成因

自我加諸的限制、埋怨、沒有彈性、憤恨與責備。沒有尊敬自己和自己的身體，會使骨頭退化；對自己要求太高，並對自己和他人產生太多期望，會使骨頭硬化；骨頭弱化，跟迷失、無力、孤立、擔憂、充滿壓力、羞恥及不和善的感受有關聯；在人生的爆發點、根深蒂固的痛苦或當你感覺有需要傷害或懲罰自己時，會出現斷裂。

療法

取一個透明的玻璃杯，用橘色玻璃紙包住。倒一點水到杯中。雙手放在水上方，說：「神聖之靈，請在水中灌注結合、治癒與再生的能量。請賦予水中晶體一種擁有修復特質的能量，讓我的骨頭可以治癒，變得更強壯堅韌。謝謝你。」

讓杯中水吸入橘光。把杯子放在陽光底下幾小時，接著慢慢飲用。每啜飲一口，就想像這橘色的液體在清理、修復你的骨頭。

說：「神聖療癒智慧，我請求你釋放我骨頭裡一切自行加諸的限制、僵硬、怨念、沒有彈性、憤恨與責備，還有造成這個狀況的所有觀點、模式以及正面與負面的激情。」反覆說「清空」一詞，直到你感覺有變化發生。

說：「神聖療癒智慧，請注入內在力量、信心、自我信念、感念與接受，幫助我和善對待、關愛、尊敬自己和他人。謝謝你。」

每天重複這些步驟，持續一個月，或直到骨頭的力量改善為止。

如果骨折，請想像有綠光圍繞骨頭，幫助它修復。

說：「神聖療癒智慧，請治療並再生我的骨頭，讓它達到最大程度的強壯、活力與彈性。謝謝你。」

- 搭配練習的不健康情緒（第294頁）：憤怒294；埋怨320；悲傷307；挫折306
- 搭配練習的健康情緒（第327頁）：寬恕331；彈性與活動331；平靜337；知足340
- 搭配練習的顏色（第346頁）：橘353；綠349；藍紫358

腸道

可能成因

難以放下陳腐過時的觀念；認為他人是錯的，自己是對的；「不聽我的就滾開」的心態；渴望控制他人，心想：要是他們願意改變，我的人生就會好很多；老是告訴他人該怎麼做、該怎麼活；完美主義；拒絕聽從他人的建言；感覺困頓、挫折、害怕改變；害怕未知。

療法

若有便秘或腹瀉的問題，請用拇指和食指從根部到指尖按摩另一隻手的食指，兩隻手各按摩數分鐘。按摩時，緩慢地深呼吸。

閉上眼睛，想像一道黃光在腸道之間移動，清除所有的廢物和毒素。

問你自己以下的問題，弄清楚你緊抓著不放的東西是什麼：

我是不是緊抓著已經走到盡頭的感情不放？
我是不是緊抓著必須離開的工作不放？
我是不是緊抓著過去的痛苦不放？
我是不是緊抓著過去的憤怒不放？

繼續問自己類似的問題。當你找出自己緊抓著不放的模式、習慣、人或情況是什麼，就握緊拳頭，讓自己真切感受緊抓著的感覺是什麼。問自己：當我緊抓負面情緒不放，其他東西還能進入我的生命嗎？

說：「神聖療癒智慧，我請求你釋放我腸道裡的一切評斷、批判、正義心理、完美主義、對改變的恐懼以及困頓的感受，還有造成這個狀況的所有觀點、模式以及正面與負面的激情。」反覆說「清空」一詞，直到你感覺有變化發生。

打開拳頭，放鬆手掌。準備好放下時，從手心吹走所有的厚重和緊繃，感受困頓和停滯從生命中釋放出來的感覺。問自己：現在我能把握哪些美好的機會？

說：「神聖療癒智慧，請加強我把人生變得更好的能力，幫助我歡迎療癒、提振人心和神聖的經驗來到生命中。謝謝你。」

如果還是有便秘方面的問題，可試試以下的方法：用指尖找到下巴中間的凹陷處（手掌面對自己），把中指放在該部位，其他手指伸直、手掌打平。用力在這個點上畫圓按摩四十五秒。休息一下，接著重複進行 2～3 次。想像腸道被提振生氣的綠光所圍繞。

說：「神聖療癒智慧，請治療並再生我的腸道以及所有相關的器官，讓它們達到最大程度的強壯、活力與健康。謝謝你。」

- 搭配練習的不健康情緒（第 294 頁）：困頓 325；評斷 315；控制 296；恐懼 303
- 搭配練習的健康情緒（第 327 頁）：彈性與活動 331；自由 332；放鬆 338
- 搭配練習的顏色（第 346 頁）：褐 348；黃 360；綠 349

腦部

可能成因

漠視身體的電腦，下載負面想法、擔憂和壓力等心理病毒；感覺失控、憂鬱、乏味、枯燥、提不起勁、灰心喪志、想睡覺；感覺頭腦不清、渙散、衝突或困惑。

療法

閉上眼睛，把注意力放在腦部。有意識地放鬆頭部。輕輕發出「EEE」這個音一到兩分鐘。這個聲音有助腦部放鬆、變得更清晰、更有接受力。在念書、考試、學習新技能或做出重大決定前，你可以進行這個重要的練習。

把你的腦部想像成一台電腦，有各種程式同時運作。把注意力放在不再適合你的信念程式上。接著，想像腦部有一個電腦螢幕上面就寫著這個程式。想像有一個「刪除」鍵，然後按下去，讓自己將這個負面程式完全從螢幕上刪除。

說：「神聖療癒智慧，我請求你化解我腦部的一切負面想法和程式——一切的擔憂、壓力、鬱悶、枯燥和思緒不清，還有造成這個狀況的所有觀點、模式以及正面與負面的激情。」

反覆說「清空」一詞，直到你感覺有變化發生。

如果你想寫一些新的程式取代被刪掉的那些，就想像自己在電腦螢幕上打出新的正面信念，然後儲存起來。

說：「神聖療癒智慧，請注入清晰、信任、平靜、創意和自我表達，讓我快速、輕鬆、毫不費力地做出最強大的決定。謝謝你。」

深呼吸，想像紫色圍繞你的腦部，讓它釋放任何殘餘的阻塞，帶給你思緒清晰、勇氣和成功。

為了改善專注力和記憶力，並使頭腦更機靈，你可以試試：將拇指和食指的指尖碰在一起，其他手指伸直。兩手各做兩到五分鐘，一天進行數次。

說：「神聖療癒智慧，請治療並再生我的腦部以及所有相關的器官，讓它們達到最大程度的健康與活力。謝謝你。」

- 搭配練習的不健康情緒（第294頁）：批判298；評斷315；控制296；困頓325
- 搭配練習的健康情緒（第327頁）：透澈327；放鬆338；自由332
- 搭配練習的顏色（第346頁）：紫355；藍紫358；黃360

乳房

可能成因

自己缺少營養和溫柔的關愛，卻不斷付出這些給他人；認為自己不配從他人那邊接收愛或支持。

右乳

從來無法靜下來，老是忙著做某些事；工作狂傾向；難以拒絕他人；認為自己如果不做點什麼，世界就會崩塌；試著討好每一個人，然後感覺被拉往不同的方向；可能會帶著奴隸的原型；時常感覺自己像受害者；問自己：為什麼我會發生這種事？緊抓家庭帶給你的兒時傷害不放；感覺他人令你招架不住、無法承受；試著握有掌控，以免自己崩垮；容易困在暴力關係中；時常抱持對男人的憤怒和他們造成的痛苦；對失敗的感情感到悲傷；為人母的可能會因為自己跟孩子之間的關係不是你所想要的而感到失望受傷。

左乳

難以跟自己的陰性特質連結，無法收到愛、他人表達的喜愛和善意；覺得自己不需要他人的幫助，因為你自己就能搞定一切；擔負太多責任，然後超過自己的極限，感覺焦慮疲憊；沒有明確的底線；緊抓被拒絕的感覺、羞恥、失望、不安全感和恐懼不放；老是擔心每個人、每件事；深切需要被喜愛、取悅他人；深切害怕失去；後悔做過的選擇；活在過去，希望事情可以改變。

療法

把注意力放在你的乳房。你是否喜歡、欣賞、懂得照顧自己的乳房？還是，你會批評它們、嘲笑它們，或在你的乳房和胸腔內累積失望、傷害和羞恥感？站在鏡子前，脫掉上衣，看看你的乳房。專心放下所有的批判，用愛與欣賞的角度看待它們。

使用雙手從乳房中取出任何厚重、能量的刀子、繩子或欺侮，將這些東西丟到想像出來的火裡。在所有的層次上進行釋放，直到乳房感覺舒適輕盈。

說：「神聖療癒智慧，我請求你幫助我釋放乳房的僵硬、失望、跟自我需求的連結中斷以及被拒絕、疲累、失去和受害者情結，還有造成這個狀況的所有觀點、模式以及正面與負面的激情。」反覆說「清空」一詞，直到你感覺有變化發生。

用掌心捧著你的乳房，專心傳遞療癒、恢復活力的綠光到乳房中，然後抱抱自己，專心愛護、滋養乳房。

唸出以下的句子：「我愛我的乳房，因為＿＿＿＿＿＿。」複述五遍，向乳房說出你愛它們的各種原因，例如：

- 我的乳房給我愉悅感。
- 它們使我感到更有女人味。
- 我可以用乳房滋養我的孩子。

說：「神聖療癒智慧，請幫助我愛、滋養、傾聽自己。請幫助我擁有平衡的人生觀點，增加我的內在力量，允許我自在做自己。謝謝你。」

每天做一些充滿關愛與滋養的事情，即使只有一下下。對自己微笑、讚美自己、休息、閱讀、跳舞或做其他任何感覺美好的事情。

說：「神聖療癒智慧，請治療並再生我的乳房以及所有相關的器官，讓它們達到最大程度的健康與活力。謝謝你。」

- 搭配練習的不健康情緒（第294頁）：困頓325；恐懼303；批判298；拒絕318；攻擊296；控制296；評斷315；愧疚309；自尊低落317
- 搭配練習的健康情緒（第327頁）：寬恕331；支持340；純真335；自

信329；愛336

- 搭配練習的顏色（第346頁）：綠349；粉紅354；金349；橘353

臀部

可能成因

感覺不信任人、失望、缺乏自尊和可能性、恐懼、無知、沒有力量；缺乏穩定與安全；緊抓壓力、陳舊不散的憤怒和愧疚不放；失去性慾或感覺自己沒有魅力；感到困頓，害怕新的經歷、自己的智慧和內在的創造力不足。

療法

很多人整天都感覺臀部緊繃，緊抓壓力、恐懼和緊繃不放。有意識地專心放鬆臀部：慢慢吸氣，在閉氣五秒鐘的同時繃緊臀部，接著慢慢吐氣，同時放鬆臀部。整個過程重複8～10次。接著，溫柔地按摩或是搖一搖臀部，直到臀部感覺放鬆。時時檢查臀部是緊是鬆，每當感到緊繃時就做這個練習。

說：「神聖療癒智慧，我請求你融化我臀部的一切怨念、性緊繃、不信任、失望、缺失、恐懼、無知、憤怒、愧疚和失去力量的感受，還有造成這個狀況的所有觀點、模式以及正面與負面的激情。」反覆說「清空」一詞，直到你感覺有變化發生。

每天看著鏡子裡的臀部稱讚它，持續一個星期。尋找你喜歡它的所有原因。對自己說：「我愛我的屁股」或「我愛我的臀部」。這麼說可以讓下背和臀部更放鬆、消除緊繃、舒緩疼痛和走路困難。

說：「神聖療癒智慧，請注入安定、純真的感覺和對感官的享受，讓我經歷樂趣、趣味和愉悅。謝謝你。」

說：「神聖療癒智慧，請治療並再生我的臀部以及所有相關的器官，讓它們達到最大程度的健康與活力。謝謝你。」

- 搭配練習的不健康情緒（第294頁）：恐懼303；壓力323；憤怒294；愧疚309
- 搭配練習的健康情緒（第327頁）：寬恕331；純真335；放鬆338；喜悅335
- 搭配練習的顏色（第346頁）：橘353；綠349；藍347；紅356

子宮頸

可能成因

生命不流暢；與陰性能量失去連結；感覺受害、承受不住、被攻擊、被操控、被欺侮、被視為理所當然；親近關係出現衝突；難以放下老舊做法，難以創造新經歷；缺乏情感、愛和營養；對於沒有實現的夢想感到悲傷；他人告訴你，你做不到對你來說很重要的事；感覺被囚禁。

療法

要獲得療癒，你必須允許自己重新與生命之流連結。問自己：我在哪個方面沒有流暢地做自己？我在哪個方面沒有傾聽自己的指引，允許他人控制我的生活？

留意你在生活中的哪個方面對自己苛刻、批判、嚴厲。緩慢地深呼吸，想像刺眼的橘色陽光。想像你將生殖系統、心臟及身體其他部位的任何嚴厲、批判和抗拒消融。

說：「神聖療癒智慧，我請求你融化我子宮頸的一切抗拒、受害者情結、操控、恐懼、無知、衝突和欺侮，還有造成這個狀況的所有觀點、模式以及正面與負面的激情。」反覆說

「清空」一詞，直到你感覺有變化發生。

搓一搓雙手，接著稍微把手分開，想像雙手發出美麗的粉紅光。把手放在下腹部。緩慢地深呼吸，感覺這柔和甜美的粉紅光進入體內，使身體變得柔軟。若想要，可以發出「VAM」（VAAAAAAAAAHHHHHHHMMMMMM）這個音幾分鐘。

說：「神聖療癒智慧，請注入柔軟、支持的感覺以及對感官和愉悅的享受，讓我回歸自我，傾聽自己的智慧。謝謝你。」

坐直身子，雙手交握、手指交纏，左手拇指置於右手拇指之上。接著，就這樣把手放在下腹部。維持這個姿勢五分鐘，同時吸入自信、喜悅、創意和自愛的屬性。讓自己盡可能放鬆。

說：「神聖療癒智慧，請治療並再生我的子宮頸以及所有相關的器官，讓它們達到最大程度的健康與活力。謝謝你。」

- 搭配練習的不健康情緒（第294頁）：恐懼 303；悲傷 307；埋怨 320；批判 298
- 搭配練習的健康情緒（第327頁）：同情 328；寬恕 331；愛 336；喜悅 335
- 搭配練習的顏色（第346頁）：橘 353；粉紅 354；黃 360

胸腔

可能成因

經歷沉重感，彷彿你的胸中有沉重的負擔；把太多的能量和自我交給他人，沒有收到許多回饋；感到力量被剝奪、疲累、空洞、害怕、焦慮、筋疲力盡；難以表達自己的感受；試圖控制別人或某些狀況，來讓自己感覺安心，結果感到窒息受束縛；缺乏自信、隨興和創意。

療法

坐下或躺下。緩慢地深呼吸，讓身體全然放鬆。想像自己浸在療癒的橘色液體，讓身體變柔軟，好好享受這個體驗。感覺或想像胸腔正中央有一個漏斗。

說：「神聖療癒智慧，我請求你釋放我胸腔的一切負擔、力量被剝奪的感受、低落的自尊、感受的壓抑、焦慮和恐懼，還有造成這個狀況的所有觀點、模式以及正面與負面的激情。」反覆說「清空」一詞，直到你感覺有變化發生。

說：「我要讓體內經歷沉重、退化、感染或壓力的所有細胞現在從這個漏斗釋出，進入紫色火焰之中。」

觀察毒素和沉重的能量從漏斗排出體外，進入紫色火焰。用拇指輕輕按摩右手掌心無名指和中指之間的點。以慢慢畫圓的方式輕輕按摩一、兩分鐘。按摩的同時，緩慢地深呼吸，讓胸腔充滿氧氣，接著排出胸腔和肺部所有的不潔之物。使用同樣的方式按摩左手的同一個點時，也這麼做。

說：「神聖療癒智慧，請注入讓我的生活輕鬆、自由、有創意、充滿愛的方法，幫助我在心和靈當中找到平靜與祥和。謝謝你。」

說：「神聖療癒智慧，請治療並再生我的胸腔、肺部和心臟，讓它們達到最大程度的強壯、活力與健康。謝謝你。」

- 搭配練習的不健康情緒（第294頁）：焦慮296；控制296；自尊低落317
- 搭配練習的健康情緒（第327頁）：平靜337；放鬆338；自信329；自由332
- 搭配練習的顏色（第346頁）：橘353；粉藍358；金349

耳朵

可能成因

堵住不想聽見的東西；不聽自己的指引和智慧；緊抓憤怒、挫折、責備、愧疚和怨念不放；聽錯或誤解他人；拒絕改變想法或擴展視野；覺得失衡、暈眩、沒有覺察、失去勇氣。

右耳

對他人的評論感到不耐、憤怒、不悅、受傷；牽扯進太多衝突或太多爭執；感覺自己被罵夠了；緊抓著過去——尤其是童年時期——具毀滅性的觀點不放，且不斷重播；感覺疲累、筋疲力盡；對生活、工作、家庭和環境感到心灰意冷。

左耳

感覺自己想說的話不重要、不值得聆聽；身邊有人評斷、批判你；批判自己。

療法

耳朵就像海綿一樣會吸收資訊。因為我們一次只能專注在其中一小部分的資訊，所以有很多聲音你沒有察覺。我們聽到的很多都是負面的東西，這些東西不僅會影響你的耳朵，還會影響身體許多部位。開始留意周遭的聲音，看看這些聲音是如何影響你的耳朵。這些聲音讓你想摀住耳朵跑走，還是讓你想坐直聆聽？

問自己：我有沒有什麼不想聽的東西？下次如果周遭有人在說一些傷人或令人難過的話，就想像靛光進入你的左耳，將任何厚重或不清的東西從右耳推出，掉進火裡燃燒殆盡。另一隻耳朵也進行同樣的練習。

說：「神聖療癒智慧，我請求你化解我耳朵的一切負面能量、愧疚、憤怒、埋怨、困頓、挫折和批判，還有造成這個狀況的所有觀點、模式以及正面與負面的激情。」反覆說「清空」一詞，直到你感覺有變化發生。

從根部到指尖以畫圓方式輕輕按摩右手的小指頭，接著按摩左手的小指頭。

耳朵有超過一百個穴道，可刺激生命能量，活化身體。使用拇指和食指按摩兩隻耳朵的耳垂。從最上面開始慢慢往下按一分鐘左右的時間。

坐起身子，抓著耳垂，往下拉一分鐘。放輕鬆，深呼吸三十秒，接著重複整個過程3遍。

這樣做有助於釋放身體的緊繃、疲憊和壓力。

把手輕輕放在耳朵上。請求聽見自己的智慧和指引，接著慢慢呼吸，注意聆聽。時常做這個練習，讓聽力變完美，並傾聽自己的智慧。

想改善聽力，可將拇指放在中指上，其他手指伸直。維持這個姿勢五分鐘。如果耳朵會痛，請一天做這個練習數次。

說：「神聖療癒智慧，請注入讓我感受到和諧、平靜、清澈、平衡、自尊增加、愛與感念的方法。謝謝你。」

說：「神聖療癒智慧，請治療並再生我的耳朵和聽力，讓它們達到最大程度的健全。謝謝你。」

- 搭配練習的不健康情緒（第294頁）：愧疚309；埋怨320；憤怒294；羞恥322；批判298
- 搭配練習的健康情緒（第327頁）：寬恕331；純真335；喜悅335；尊重339；知足340
- 搭配練習的顏色（第346頁）：藕紫352；靛351；藍紫358

手肘

可能成因

阻塞、限制、挫折、憤怒、嫉妒;沒有意識到自己的需求;身心僵硬,相信生命只存在掙扎和壓力;迷失方向。

右肘

感覺好像被他人推擠;他人干預你的生活;感覺備受折磨、騷擾、利用、嘲笑、欺騙;難以放下過往的傷害和憤怒。

左肘

感覺不被支持和軟弱;太過依賴他人;難以做決定;感覺壓力大、招架不住;不是太情緒化,就是會壓抑自己的感受。

療法

說：「神聖療癒智慧，我請求你化解我手肘的一切阻塞、僵硬、掙扎、壓力、軟弱、緊繃、傷害與憤怒，還有造成這個狀況的所有觀點、模式以及正面與負面的激情。」反覆說「清空」一詞，直到你感覺有變化發生。

搓揉雙手四十五秒，接著稍微把手分開。想像掌心上有一球綠光。把手放在不舒服的那一個手肘上。想像綠光進入、再生你的手肘。反覆說「現在就療癒、修復與再生」2～3分鐘的時間，直到感覺比較輕盈。

說：「神聖療癒智慧，請注入意識、自我信念、讓我依循的清楚方向、支持的感受、內在力量與自由。謝謝你。」

說：「神聖療癒智慧，請治療並再生我的手肘、手臂、手掌和骨頭，讓它們達到最大程度的強壯、彈性與健康。謝謝你。」

參見手臂（第56頁）。

- 搭配練習的不健康情緒（第294頁）：挫折306；憤怒294；嫉妒314
- 搭配練習的健康情緒（第327頁）：彈性與活動331；信念330；認可338；自信329
- 搭配練習的顏色（第346頁）：綠349；黃360；銀357

眼睛

可能成因

不喜歡周遭看見的事物；懷疑人或事；看見阻礙和限制；希望事情可以改變；一心想著老化；從負面的角度看待人生；感覺困頓；只從一個方向或觀點看事情；害怕未來；想要別人擁有的東西。

右眼

阻礙富足與繁華的流動；感情出現挑戰；看不出要如何改變現況；緊抓過去的痛苦不放，並將痛苦投射到未來；為事情沒有奏效找藉口和理由；對自己和他人不悅。

左眼

難以想像生命中的美好事物；只看見這個存在負面或困難的部分；缺乏喜悅、樂趣和創意；相信人生是很混亂、困難、充滿挑戰與痛苦的，並試圖找到相關證據；專注在痛苦、缺失和限制上；不相信生命會照顧你，一直抱持恐懼、壓力和擔憂的心理。

療法

你是不是看到不想看的東西？例如，你是不是看到親近的人受苦或不快樂？你是否不斷努力想讓他們快樂，卻因他們不願改變而感到無望挫敗？假使你希望改善視力，就必須把焦點從不想看見的東西轉移到使你感到快樂、為你的生命帶來美的事物上。你可以漫步在大自然之中、到海邊走走、拜訪給你啟發的人，或發揮創造力，在腦海中或白紙上作畫。

出去外面曬曬太陽。閉上眼睛，用手心蓋住，讓陽光的療癒能量再生你的雙眼。進行數分鐘的時間，一天練習2～3次。

鬆開手，張開眼睛，看看天空美麗的藍光。即使天是灰的，也要去尋找一絲藍光。閉上眼睛，想像藍光在眼睛裡流動，洗掉一切厚重、退化、困頓或僵硬。放鬆眼睛，讓它們更軟化。

張開眼睛，快速眨眼三十秒，讓眼睛恢復濕潤。

要改善視力，你也必須改善眼睛的靈活度。把眼睛向左、向右、向上、向下轉動，進行8～10次。接著，把眼睛向右、向左、向下、向上轉動，同樣進行8～10次。如果你有白內障，可試著戴透明的靛色眼鏡，讓光線進入、再生眼睛。

說：「神聖療癒智慧，我請求你釋放過去的一切憤怒、懷疑、不信任感與挫折，協助我化解眼睛的一切壓力、不悅、負面、僵硬、恐懼、阻礙和經投射的問題，還有造成這個狀況的所有觀點、模式以及正面與負面的激情。」反覆說「清空」一詞，直到你感覺有變化發生。

說：「神聖療癒智慧，請注入清晰、信任、耐心、放鬆、柔軟、靈活和平靜的感受和體驗。謝謝你。」

說：「神聖療癒智慧，請治療並再生我的眼睛以及所有相關的器官，讓它們達到最大程度的強壯、活力與彈性。謝謝你。」

- 搭配練習的不健康情緒（第294頁）：恐懼 303；壓力 323；擔憂 326；嫉妒 314；挫折 306
- 搭配練習的健康情緒（第327頁）：透澈 327；同情 328；平靜 337；寬恕 331
- 搭配練習的顏色（第346頁）：紫 355；藍 347；靛 351；藍紫 358；藕紫 352

臉部

可能成因

重複同樣的毀滅模式，擔憂、皺眉、限制自己、掙扎，感覺跟心和靈失去連結；不把握真正認識自己的機會，限制成功面對挑戰的能力；丟臉。

療法

看著鏡中自己的臉，花五分鐘好好觀看你喜歡、欣賞自己臉部的地方。現在，仔細看看你的臉想告訴你什麼。你是勇敢地面對一個情況，還是躲在一張面具後？你的臉述說的是快樂的故事，還是充滿掙扎、恐懼與壓力的故事？

正面迎上需要關注的狀況，而非躲著它們或假裝它們不存在。例如，正視你一直在躲的人、還清債務，或是展開一項拖延許久的計畫。無論什麼事，總之就是要開始解決使你產生衝突、停滯已久的狀況。

花幾分鐘輕柔、關愛地按摩臉部。你可以把天然的乳霜或油品搓進肌膚。接著，閉上眼睛，想像面前有一個垃圾桶。想像自己脫下任何虛假的面具，把它們丟進垃圾桶，直到露出你想展現給全世界的最美麗、最耀眼的臉孔。一天做這個練習兩次，持續數週。

說：「神聖療癒智慧，我引導你釋放我臉部的一切緊繃、壓力、虛假面具、過時觀點與掙扎，還有造成這個狀況的所有觀點、模式以及正面與負面的激情。」反覆說「清空」一詞，直到你感覺有變化發生。

說：「神聖療癒智慧，請讓我能夠帶著勇氣、信念和內在力量面對人生，讓我發亮、與靈氣產生連結、找到有建設性的新方法過生活。將我的純真、純淨和發亮的潛力展現出來。謝謝你。」

如果你想改善氣色或者你有臉部癱瘓，請每天做這個練習：彎折你的食指，把拇指放在食指上，其他手指伸直。緩慢地深呼吸，維持這個姿勢五分鐘。如果你有臉部癱瘓，可能需要保持這個姿勢四十五分鐘。

說：「神聖療癒智慧，請治療並再生我的臉部以及所有相關的器官，讓它們達到最大程度的健康、活力與美麗。謝謝你。」

- 搭配練習的不健康情緒（第294頁）：恐懼303；拒絕318；失敗301；壓力323；困頓325

- 搭配練習的健康情緒（第327頁）：放鬆338；知足340；自信329；成功341；喜悅335
- 搭配練習的顏色（第346頁）：藍347；靛351；紫355；粉紅354

輸卵管

可能成因

無法從一個地方移動到另一個地方；感覺悲傷、失去、羞恥、悲痛、憂鬱；對小孩或生子感到愧疚或恐懼；害怕失去自己的陰性特質或年紀太大無法生育。

療法

把注意力放在輸卵管上。如果你能看見它們，它們看起來是通透健康還是阻塞不健康？問自己以下的問題：

我試著壓抑或阻止發生的事情是什麼？
我對自己的陰性特質有什麼感覺？
我怎麼會相信他人對於老化以及我自己創造美好家庭的能力所具有的負面想法？
我的生活在哪個方面出現了困頓？
我必須做出什麼決定和行動才能前進？

問對問題，你就可以讓自己解放困頓或停滯的能量。

把注意力放在一道橘光，想像它通過你的輸卵管，化解所有的阻塞、釋放一切的退化。專心想像一道黃光通過你的輸卵管，清理、再生之，使它們變得完全健康有活力。

如果你想要小孩，允許自己更有生育能力、更有創造力和陰性特質。

如果你想要小孩卻無法懷孕，請原諒你的身體無法支持這個經歷。跟生殖系統產生連結，以充滿愛的粉紅光芒圍繞之。請神聖智慧透過其他方式將孩子帶到你的生命中。

說：「神聖療癒智慧，我請求你釋放我輸卵管的一切困頓、寂寞、羞恥、悲痛、憂鬱和失去的感受，還有造成這個狀況的所有觀點、模式以及正面與負面的激情。」反覆說「清空」一詞，直到你感覺有變化發生。

說：「神聖療癒智慧，請幫助我輕鬆地在人生當中向前邁進；完全表達我的陰性本質；

跟我的創造力產生連結，帶回年輕、生氣與活力的感受。謝謝你。」

說：「神聖療癒智慧，請治療並再生我的輸卵管以及所有相關的器官，讓它們達到最大程度的強壯、活力與健康。謝謝你。」

- 搭配練習的不健康情緒（第294頁）：悲傷307；羞恥322；憂鬱299；埋怨320；困頓325
- 搭配練習的健康情緒（第327頁）：寬恕331；榮耀334；平靜337；同情328
- 搭配練習的顏色（第346頁）：橘353；紫355；銀357；黃360

足部

可能成因

前往錯誤的方向；忽略直覺；感覺困惑、迷失、不踏實或與現實脫節；感到困頓、陷入泥沼、對他人負有義務；看不見大局；猶豫不決；某個情況讓你想要臨陣脫逃。

右腳

太多義務；感覺憤怒、不悅、挫折和生氣；太過專注物質層面以及自己應該如何逃離某個情況；試圖用蠻力突破一件事物，而非往後退，讓事情順其自然發生；搬石頭砸自己的腳。

左腳

跟自己的需求失去連結；太專注於外在世界以及你需要為他人做的事；人生道路出現阻礙，導致事情沒有如你預期發展；拖著來自過去或艱難感情的痛苦；施與受的失衡。

療法

你有機會看看自己的人生，並且改變方向。專心放下過去的事物，往前邁進。好好照顧自己，感謝辛辛苦苦擔負著你的雙足。

捧著你的左腳，把它當作你最珍貴寶貝的資產好好地按摩。就算有人要給你一百萬，你會賣掉你的腳嗎？很可能不會。開始重視你的腳，把它當作你生命中極為重要的一部分對待。接著，換按摩右腳。

我們的雙腳每天都帶著你到處走。雙腳使我們站直，支撐我們的體重。雙腳連接地面，因此也能夠釋放許多厚重能量。

站起來，想像你的足部有兩根大管子，所有的厚重能量都能通過這些管子釋放、進到地底，加以轉變。現在，把注意力放在你希望從足部釋放出來的東西。動一動腳，把緊繃、恐懼、限制和壓力甩出來。

說：「神聖療癒智慧，我請求你釋放我足部的一切困頓、限制、負擔、憤怒、不悅、挫折與疏忽，還有造成這個狀況的所有觀點、模式以及正面與負面的激情。」反覆說「清空」一詞，直到你感覺有變化發生。

站起來。專心地朝你的夢想邁進。想像真的有一階階的台階可以帶你通往成功。允許自己成功。現在，一步步走上台階。每走一階，就停下來呼吸。你會發覺踏出這一步比上一步容易許多。感受成功，這可以是健康、工作、家庭、愛、金錢等方面的成功。接著，繼續往前邁進。

說：「神聖療癒智慧，請幫助我輕鬆優雅地向前進，受到神聖智慧的引導。允許我變得踏實、快樂、清澈、平衡。謝謝你。」

說：「神聖療癒智慧，請治療並再生我的足部、腿部和腳趾，讓它們達到最大程度的健康與靈活。謝謝你。」

- 搭配練習的不健康情緒（第294頁）：憤怒294；不悅313；挫折306；控制296；困頓325
- 搭配練習的健康情緒（第327頁）：彈性與活動331；透澈327；支持340；自由332
- 搭配練習的顏色（第346頁）：粉紅354；綠349；褐348

手指

可能成因

無法碰觸、抓牢、放下、施與受；身體的五大脈輪出現問題：海底輪、臍輪、太陽輪、心輪、喉輪。

右手

拇指——連接腦部的松果體和腦垂體，具有恢復平衡的能力。生活中缺少創意、性慾和動力；感覺迷失、沒有啟發、無精打采；缺少活力與意志力；循環和血液方面的問題；壓力與擔憂。

食指——貯藏智力以及你看待自己、生命和周遭世界的方式；讓你想要追尋權力的源頭。想要控制他人或感覺受到控制；經歷害怕、被拒絕和畏懼；在生理層次上，因難以消化人生而出現肚子痛或胃灼熱。

中指——跟個人力量以及處理人生眾多挑戰的能力有關；掌握學會承擔個人責任的關鍵。為了掩飾情感傷痛、悲傷、憤怒、恐懼和埋怨而出現的增重問題；感覺失控、筋疲力盡、困惑。

無名指——貯藏對於感情和誓言——特別是跟伴侶或親近的人立下的誓言——所抱持的信念；與他人產生連結的關鍵所在。在接收愛這方面出現問題；胸腺、甲狀腺和腎上腺方面的問題。

小指頭——貯藏生存感和安全感的地方；貯藏有關家庭和族群的觀點；貯藏兒時學到的教訓。難以信任自己和他人；感覺自己不夠好、不夠強壯或不夠勇敢。

左手

拇指——連接喉輪，能夠賦予有力溝通的能力。自我堅定和自我價值方面出現問題；不願為自己挺身而出；壓抑感受；呼吸困難、鼻竇炎、感冒和喉嚨痛、孤單的感受、情感方面冷漠疏離。

食指——連接心輪，貯藏獨立個體的感覺、歸屬感和對自己的想像；連接直覺與靈感的源頭。大腸方面的問題，包括腹痛、腹瀉、便秘。

中指——連接太陽輪，貯藏擴張成長的感覺以及做出行動和達成結果的能力。痛苦經歷、評斷、批判、自我受限等方面的問題；在生理層次上，有循環和性愛方面的問題。

無名指——連接臍輪，握有跟內在小孩之間的連結。經歷愧疚、責備、羞恥或憤怒，感覺失衡、充滿壓力、不安穩、疲憊；成癮、下背疼痛、不孕和兒時未解痛苦等方面的問題。

小指頭——連接海底輪，影響自尊、自己在世界上的一席之地以及自己的權利。跟基底或大地有關的問題；在自己的身體裡感覺不安全或不自在；無法創造或成就；成癮、憂鬱、下背疼痛或皮膚方面的問題。

療法

要釋放每根手指的負面或厚重的能量和情感，請閉上雙眼，想像面前有一團火。使用另一隻手的手指將任何厚重問題從你想治療的手指當中輕輕拉出來，將負面能量（看起來可能像灰煙、枷鎖或雜草）丟進火裡。接著，你可以使用跟該手指相對應的顏色來再生能量流動：

- 拇指（喉輪）——藍
- 食指（心輪）——綠
- 中指（太陽輪）——黃
- 無名指（臍輪）——橘
- 小指（海底輪）——紅

為了注入健康的情感，並使這些情感更強大，你要輕輕按摩或握住每一根手指，心裡想著要增加那種感受。接著，將手指浸在相對應的顏色之中。做這個練習時要緩慢，按摩時，從根部往指尖按，讓自己真切感受你所注入的正面情感。

說：「神聖療癒智慧，請治療並再生我的手指，讓它們達到最大程度的健康、活力並且靈活。」

- 搭配練習的不健康情緒（第294頁）：跟你治療的手指有關的情緒
- 搭配練習的健康情緒（第327頁）：跟你治療的手指有關的正面情緒
- 搭配練習的顏色（第346頁）：跟脈輪有關的顏色或者你當下感覺最適合的顏色

膽囊

可能成因

對男性、我們的陽性特質或是在這世上的成就感到埋怨悲痛；感覺不悅、憂鬱、猶豫不決、困惑、憤怒、受傷；認為自己很失敗，所以故意搞砸成功的機會；感覺自己位居次位、被忽視、不重要、是受害者；緊抓過去的創傷和痛苦不放，導致現在的掙扎、困境和缺失。

療法

把注意力放在膽囊上。你想像它會是什麼顏色？那是健康還是不健康的顏色？

膽囊就像一個小袋子，負責處理體內的毒素和厚重。用你的心之眼檢查這個袋子是空是滿。

如果滿了，就專心把袋子清空。想像你把所有的毒素或石頭丟進紫色的火焰裡。如果你有膽石，想像你用紅色和橘色的光芒化解。紅色負責化解，橘色負責清除任何殘留。

說：「神聖療癒智慧，我請求你釋放我膽囊的一切怨念、悲痛、自我陷害、困惑、疏忽、憤怒和傷害，還有造成這個狀況的所有觀點、模式以及正面與負面的激情。」反覆說「清空」一詞，直到你感覺有變化發生。

想像你的膽囊被綠光圍繞，讓綠光穿過膽囊，再生之。把你的手放在膽囊的位置，專心緩慢地深呼吸，讓膽囊盡量放輕鬆。接著，輕輕以畫圓的方式揉這個部位。反覆說「現在就療癒、清空與再生」三分鐘的時間。

說：「神聖療癒智慧，請強化我做出明確、強大、成功的決定的能力，允許我的心靈開放，經歷富足、輕鬆、流動與自愛。謝謝你。」

說：「神聖療癒智慧，請治療並再生我的膽囊以及所有相關的器官，讓它們達到最大程度的健康與活力。」

在接下來這幾天，多喝乾淨的水、吃營養的食物，讓膽囊可以排毒再生。

- 搭配練習的不健康情緒（第294頁）：悲傷307；困頓325；埋怨320；憂鬱299

• 搭配練習的健康情緒（第327頁）：同情328；寬恕331；榮耀334；信念330；成功341

• 搭配練習的顏色（第346頁）：橘353；紅356；綠349

牙齦

可能成因

對自己和自己所做的決定感到不確定；無法貫徹、容易放棄、拖延；要求太高、太過自私；拒絕改變；受困、害怕、不耐煩、不安全感、懷疑。

療法

閉上眼睛，把注意力放在牙齦上。想像一道紅光貫穿牙齦，清除、化解所有的感染、停滯與阻礙。你甚至可能會感覺牙齦刺刺癢癢的。

說：「神聖療癒智慧，我請求你釋放我牙齦的一切拖延、猶豫不決、自我陷害、自私與停滯，還有造成這個狀況的所有觀點、模式以及正面與負面的激情。」反覆說「清空」一詞，直到你感覺有變化發生。

想像一道白光貫穿牙齦，清理、再生之。

按摩你的臉頰和牙齦。把指尖放在嘴巴上摸得到牙齦的位置，按摩牙齦六十秒。如果覺得用指尖不好按摩，可以用指關節。用力按摩，但不弄痛自己。休息三十秒。如果不會不適，就再按摩四十五到六十秒。接著，把指尖放在下唇下方摸得到牙齦的位置，重複按摩的過程。

說：「神聖療癒智慧，請引導我做出賦予力量的決定，貫徹始終、堅持不懈，讓我欣然接受正面的改變和轉變。謝謝你。」

說：「神聖療癒智慧，請治療並再生我的牙齦和牙齒，讓它們達到最大程度的強壯、活力與健康。」

- 搭配練習的不健康情緒（第294頁）：不悅313；挫折306；恐懼303；困頓325
- 搭配練習的健康情緒（第327頁）：透澈327；自信329；平靜337；喜悅335
- 搭配練習的顏色（第346頁）：紅356；白359；藍347

頭髮

可能成因

絕緣和保護方面的問題；難以跟自己的美麗、創意、自我價值和自愛產生連結；因為思考太多、擔憂、害怕、緊抓憤怒、挫折、愧疚、埋怨或悲傷不放而導致頭皮太過緊繃，造成落髮或髮色改變等生理層面的變化——身體在告訴你，你一直在做的事情對你沒有好處。

療法

首先，以畫圓的方式輕輕按摩頭皮，同時想像不同顏色的光芒從每一根手指發射出來，彩色的光束刺激著頭髮的生長。按摩時，心裡想著要讓頭髮變得更強壯、健康、有活力。接著，想像美麗的金色陽光穿透整頭的頭髮，讓它們變得柔順、柔軟、有光澤。
說：「神聖療癒智慧，我請求你刪除一切使我頭髮脆弱的那些令我充滿壓力的想法、擔憂、恐懼、憤怒、挫折、愧疚、怨念與悲傷，還有造成這個狀況的所有觀點、模式以及正面與負面的激情。」反覆說「清空」一詞，直到你感覺有變化發生。

輕輕拉扯髮尾，刺激頭髮生長。使用雙手慢慢拉完所有的頭髮。

說：「神聖療癒智慧，請幫助我獲得自我信念、勇氣與冷靜，加強我相信生命總會替我著想的能力。讓我看見自己的美麗與動人，好好享受賦予給我的禮物。謝謝你。」
說：「神聖療癒智慧，請強化並再生我的頭髮和頭皮，讓它們達到最大程度的健康與生氣。謝謝你。」

- 搭配練習的不健康情緒（第294頁）：壓力323；恐懼303；批判298；愧疚309
- 搭配練習的健康情緒（第327頁）：放鬆338；平靜337；榮耀334；自信329
- 搭配練習的顏色（第346頁）：白359；紫355；綠349；洋紅352

手部

可能成因

無法應付人生；老是說：「我沒辦法處理。」給每個需要幫助的人一臂之力，卻不幫助自己；經歷僵硬和拳頭不自覺握緊的狀況；太多批判和擔憂，導致手部關節炎；害怕未來，導致雙手用力握緊，不相信雙手有創造能力；具有療癒能力的雙手傾向治療他人，卻無法拯救世界，因為唯有當他人願意，你才能對他們的生命有所貢獻。

右手

對許多人來說，右手是他們慣用的手，也是他們用來創造的手。相關問題有：感覺失落、沒有創意、害怕未來；經歷掙扎與挫折；質疑自己工作、賺錢、養家的能力；被認為是自己左右手或發生任何事都會去找的那個人所背叛或是對他感到失望，幫助他、信任他，卻只換來拒絕。

左手

左手持有較多陰性能量。緊抓家人、母親、姊妹、妻子、女兒等人帶給你的傷害不放；覺得孤獨寂寞，不知道怎麼照顧自己或怎麼找到明確的道路和方向；抗拒人生，只想接受幫助與施捨，不願負起責任、處理問題、從中學習，進而變得更強大、更有力量。

療法

雙手的掌心有能力取得神聖療癒能量和身體的療癒能量。搓揉雙手，就可以啟動身體自然的療癒能量。現在，把雙手的掌心湊近，感覺刺刺癢癢的感受。

說：「我現在要啟動我的神聖療癒能量。」

想像掌心之間出現金色的療癒光芒。觀看這燦爛的光漸漸擴張，貫穿整隻手，清除血液裡的所有阻塞和毒素，再生你的雙手。

說：「神聖療癒智慧，我請求你釋放我手部的一切擔憂、沒有彈性、控制、抗拒、寂寞、孤獨與緊繃，還有造成這個狀況的所有觀點、模式以及正面與負面的激情。」反覆說「清空」一詞，直到你感覺有變化發生。

甩一甩或按一按雙手一到兩分鐘，釋放任何阻滯的感覺。

十指交握，使掌心貼在一起。維持這個手勢一下子，讓療癒能量再生雙手。

說：「神聖療癒智慧，請幫助我輕鬆從容地處理任何狀況，為我自己的行為負起責任。請幫助我從生命經驗中學習成長，變得更有力量。謝謝你。」

雙手越有彈性、越是放鬆，身體就會越健康。這是因為，手部擁有許多經絡點，連接身體的每一個器官。

說：「神聖療癒智慧，請治療並再生我的手部、手指和手腕，讓它們達到最大程度的健康、力量與彈性。」

- 搭配練習的不健康情緒（第294頁）：控制296；困頓325；恐懼303；挫折306
- 搭配練習的健康情緒（第327頁）：彈性與活動331；自由332；自信329；知足340
- 搭配練習的顏色（第346頁）：粉紅354；金349；綠349

頭部

可能成因

覺得憤怒、挫折、愛批評、愛批判自我、缺乏覺察、頑固；困在有限的思維裡，抗拒改變；人生使你招架不住，因為有太多東西需要思考、太多負荷必須承擔；老是在忙著做某件事或在擔心自己需要做的事；完美主義，認為：「如果要把這件事做好，就必須用我的方式做」；人生失去方向，忘記生命中最重要的事，把注意力都放在自己的問題上；覺得自己必須控制一切人事物才能開心。

療法

專心深呼吸，放鬆頭部。你可以繃緊頭部十秒鐘，接著再鬆開，這樣會更放鬆。重複這個動作3～5次，直到頭部變得比較輕盈。吸氣時，把頭稍微往後傾；接著緩緩吐氣，把頭稍微往前傾。進行這個動作數分鐘。

想像頭頂有一個蓋子，你可以打開來往裡面看。打開蓋子後，你看見什麼？裡面是明亮還是幽暗？想像頭顱裡有一顆電燈泡，如果電燈泡沒有打開，請把它開啟。讓光線貫穿整個頭部，同時專心地深呼吸，使自己更放鬆。

說：「神聖療癒智慧，我請求你釋放我頭部的一切令我招架不住的挫折、評斷、自我批判、完美主義和困頓，還有造成這個狀況的所有觀點、模式以及正面與負面的激情。」反覆說「清空」一詞，直到你感覺有變化發生。

可以的話，請躺在一張床上。讓頭部和臉部的每一條肌肉放鬆。想像你的頭完全沒有重量，把注意力放在黃色和白色的光芒，讓它們完全釋放頭部的緊繃和壓力。接著，輕輕發出「EEE」這個音，讓聲音的振動更進一步清理你的頭部。現在，開始專心做決定。你會發現自己的想法和決定變得更清楚、更有創意、更明確。

說：「神聖療癒智慧，請允許我打開心胸接受新的觀念、經歷和思維。幫助我變得更有彈性、更能覺察，更清楚地知道自己需要做出的選擇。」

說：「神聖療癒智慧，請治療並再生我的頭部和腦部，讓它們達到最大程度的健康與活力。」

- 搭配練習的不健康情緒（第294頁）：評斷315；批判298；招架不住304；擔憂326
- 搭配練習的健康情緒（第327頁）：透澈327；平靜337；放鬆338；快

樂333

• 搭配練習的顏色（第346頁）：靛351；綠349；白359；黃360

心臟

可能成因

感覺阻塞、沒有熱情、沒有啟發、單調乏味、憂鬱、心情沉重、充滿壓力；認為人生太難，你不想面對它；感覺內心閉鎖、受傷、被拒絕、冷酷；放棄擁有愛，認為自己不配擁有它；頻頻批判、鄙視自我；感覺沒用、憤怒、憤恨；等到事情爆發了才釋放自己的情緒；承擔太多責任，然後覺得壓力很大、充滿焦慮；把自己交出太多，將自己逼到自己無法應付的程度；不傾聽自己的內心；感覺人生不充實、充滿失望、被貶損、寂寞；緊抓受傷或心碎的深沉恐懼不放；有些人會對他人的成就感到羨慕或嫉妒。

療法

閉上眼睛，傾聽你的心臟。想像你的心臟，它是什麼樣子？它是不是看起來很快樂、膨大，開心地給予和接受愛？還是說，它很緊縮、充滿壓力、疲累、受限？

想像你的手中拿著一個水管，裡面是清澈的療癒液體。用這根水管沖掉心裡的所有灰暗、厚重與壓力。

說：「神聖療癒智慧，我請求你刪除我心臟的一切阻塞、憂鬱、沉重、乏味、受害者情結、憤怒、被拒絕的感受和停滯，還有造成這個狀況的所有觀點、模式以及正面與負面的激情。」反覆說「清空」一詞，直到你感覺有變化發生。

想像一道最美麗的玫瑰色光芒，裡面蘊含無條件的愛、溫柔與和善的能量。讓這道偉大光芒的愛之能量流入你的心臟，感受心臟漸漸變得柔軟，融化一切的僵硬和保衛。讓心裡那份無條件的愛守護你。即使你的心會受過傷害，也要相信它現在已發展出智慧，可以帶領你體驗最有愛的經歷。

說：「親愛的心臟，我希望你知道你對我來說有多麼重要。因為你不辭辛勞地工作，我才能好好活著。是你讓我有機會體會深刻的情感，經歷愛、喜悅與快樂，並且欣賞我的人生。我想好好跟你說聲『謝謝』，謝謝你做了這些了不起的工作。」

為了強化內心的愛，請搓揉雙手，想像雙手之間出現最美麗的洋紅色光芒。接著，放鬆雙手，開始感覺到刺刺癢癢的感受後，把手放在心上，讓雙手的溫暖與洋紅色的光芒包覆你的心。

說：「神聖療癒智慧，請加強我傾聽自己內心的智慧並遵從其指引的能力。讓我開放心胸接受愛、善意、關懷、熱情、樂趣與深沉的喜悅。謝謝你。」

說：「神聖療癒智慧，請治療並再生我的心臟以及所有相關的器官，讓它們達到最大程度的健康與活力。」

- 搭配練習的不健康情緒（第294頁）：憂鬱299；困頓325；評斷315；嫉妒314；憎恨310；恐懼303
- 搭配練習的健康情緒（第327頁）：愛336；快樂333；喜悅335；自由332；平靜337
- 搭配練習的顏色（第346頁）：藕紫352；洋紅352；粉紅354；綠349

腳跟

可能成因

困惑、內在衝突、懷疑；質疑自我的本質；對自己的決定放馬後炮；非常需要停下來，重新評估自己的人生；生命不流暢、不平衡；感覺失去了力量和基底；在他人身邊戒慎恐懼，不說出究竟發生了什麼事。

療法

按摩腳跟幾分鐘。允許自己堅定立場、堅守崗位、重拾自信。如果你真的相信一件事，那就邁開堅定、自信的腳步往那個方向走去。

說：「神聖療癒智慧，我請求你釋放我腳跟的任何自我懷疑、困惑、軟弱、猶豫不決和恐懼，還有造成這個狀況的所有觀點、模式以及正面與負面的激情。」反覆說「清空」一詞，直到你感覺有變化發生。

脫掉鞋子和襪子。站在地面上，專心放下所有困在你腳跟裡的東西。想像一切的困頓、痛苦與負面能量從你的腳跟釋放出來，流進地底，加以轉變。

說：「神聖療癒智慧，請注入相信自我、透澈、平衡與力量的感受，讓我能帶著勇氣、創意與自信往前進，並將同步一致和流暢帶進我的生命。謝謝你。」

搓一搓雙手，接著稍微把手分開，想像雙手之間有褐色和綠色等大地色彩的能量光芒。把手放在腳跟，接收幫助它們前進、促進扎根與透澈的振動。把手放在腳跟數分鐘。

說：「神聖療癒智慧，請治療並再生我的腳跟，讓它們變得完全有力量、平衡與活動力。」

- 搭配練習的不健康情緒（第294頁）：自尊低落317；壓力323；恐懼303
- 搭配練習的健康情緒（第327頁）：自信329；透澈327；尊重339
- 搭配練習的顏色（第346頁）：褐348；綠349；粉紅354

髖部

可能成因

家庭問題與不協調；感覺被利用、不被賞識、憤怒、被背叛、被欺瞞、失望、被否決、疏離；經歷壓力、挫折、愧疚、不被支持、太多責任；感覺不被承認、被佔便宜、被操縱。

療法

你的髖部背負了什麼人或事？你得為誰負責？你得支持誰？起身，搖一搖髖部。這麼做的同時，想像你把過時的家庭設定給甩掉。如果無法搖動髖部，則用雙手以畫圓的方式按摩之。

閉上眼睛，想像面前有一個回收桶，可以轉化一切厚重與負面的能量。使用雙手將困在髖部裡的一切負面能量——恐懼、挫折、愧疚、陳舊的家族設定——拿出來，置入桶中，使之分解。你可能會感覺自己拉出了沉重的能量，也有可能看見灰暗、煙霧、刀子、甚至人等影像從髖部冒出。

說：「神聖療癒智慧，我請求你釋放我髖部的一切家庭問題、紛爭、互相衝突的情緒、愧疚、難過、悲痛、憤怒與背叛，還有造成這個狀況的所有觀點以及正面與負面的激情。」反覆說「清空」一詞，直到你感覺有變化發生。

可以的話，播放一些音樂，晃動你的髖部，就像跳肚皮舞般。感受這麼做的自由。髖部越是平衡、越有彈性，人生就會越有平衡、彈性和創意。

說：「神聖療癒智慧，請注入平靜、透澈、充實、感恩、放鬆與祥和的感受，讓我在生活和家庭中經歷和諧、團結與支持。謝謝你。」

說：「神聖療癒智慧，請治療並再生我的髖部，讓它們變得完全有力量、平衡與活動力。」

- 搭配練習的不健康情緒（第294頁）：批判298；評斷315；挫折306；困頓325
- 搭配練習的健康情緒（第327頁）：透澈327；平靜337；知足340；認可338
- 搭配練習的顏色（第346頁）：橘353；綠349；銀357

下視丘

可能成因

感覺失衡、壓力、焦慮、情緒化；跟自己的神聖、靈性自我失去連結；對於未來和自己在生命中扮演的角色感到困惑和挫折。

療法

說：「神聖療癒智慧，我請求你釋放我下視丘的一切心理與情感失衡、壓力、恐懼、跟自我神性的失去連結之感、困惑和挫折，還有造成這個狀況的所有觀點、模式以及正面與負面的激情。」反覆說「清空」一詞，直到你感覺有變化發生。

說：「神聖療癒智慧，請幫助我找到情感、心理和靈性的平衡以及良好健全的感受，讓我打開心胸接受新的、更快樂的、更正面的未來願景。謝謝你。」

想像下視丘充斥著閃耀的金光，活化、再生之。

說：「神聖療癒智慧，請治療並再生我的下視丘和周遭的腦部，讓它們達到最大程度的健康與活力。」

參見腦部。

- 搭配練習的不健康情緒（第294頁）：壓力323；恐懼303；挫折306
- 搭配練習的健康情緒（第327頁）：放鬆338；平靜337；透澈327
- 搭配練習的顏色（第346頁）：金349；黃360；白359

免疫系統

可能成因

不安全感、內在衝突、忽略自我、壓力；感覺倍受壓力、威脅、操控，卸下心防；允許他人佔自己便宜；太專注於外在世界；強迫而非允許事情自然發生；感覺自己的健全遭到破壞；不知道該怎麼拒絕他人；感覺被忽略、不被愛；心想：「這到底有什麼意義？」覺得自己一直在掙扎，得不到想要的東西；給自己太多負擔。

療法

閉上眼睛。察覺你在背上、胸口、體內承擔的許多問題。吸氣時，找到一個問題，吐氣時，允許自己放下跟這個問題有關的緊繃。請求獲得神聖的解決方法。進行這個練習數次，直到你感覺變得比較自由。

說：「神聖療癒智慧，我請求你釋放我免疫系統的一切壓力、不安全感、衝突、操控、抗拒、挫折與自我忽略，還有造成這個狀況的所有觀點、模式以及正面與負面的激情。」反覆說「清空」一詞，直到你感覺有變化發生。

把身體的所有壓力、壓抑和緊繃甩掉。就這樣用力甩動身體三十秒，接著休息十五秒，緩慢地深呼吸。重複整個過程 3～4 次。你可以把這個練習變得更有趣，播放一些古靈精怪的音樂，聽著音樂搖擺。

說：「神聖療癒智慧，請注入安全、穩定、透徹、自在和喜悅的感受，讓我有勇氣過我喜歡的生活。謝謝你。」

想要改善免疫系統，你可以將無名指和小指放在拇指指尖，把另外兩隻手指伸直，遠離拇指。維持這個手勢五到十五分鐘。如果免疫系統真的很差，你可能需要一天練習三次。

說：「神聖療癒智慧，請治療並再生我的免疫系統，讓它達到最大程度的健康與活力。」

參見胸腺。

- 搭配練習的不健康情緒（第294頁）：壓力323；愧疚309；挫折306；拒絕318
- 搭配練習的健康情緒（第327頁）：平靜337；寬恕331；放鬆338；喜悅335
- 搭配練習的顏色（第346頁）：綠349；藍347；橘353；紫355

下顎

可能成因

緊抓緊繃、壓力和壓抑不放；難以傳達自己的感受；評斷、批判、恐懼；無法為自己說話、爭取自己想要的東西；愧疚、責備、找碴；感覺被困住；緊抓憤怒和怨念不放；困在某個模式裡，不知道要怎麼樣脫離、前進。

療法

搓一搓雙手，接著稍微把手分開，想像雙手之間有兩團橘光。把雙手放在下顎，一邊以畫圓的方式輕輕按摩下顎的兩側，一邊緩慢地深呼吸。專心讓橘光融化下顎的緊繃感。進行這項練習 2～3 分鐘。

說：「神聖療癒智慧，我請求你釋放我下顎的一切壓力、緊繃、壓抑、評斷、批判、限制與恐懼，還有造成這個狀況的所有觀點、模式以及正面與負面的激情。」反覆說「清空」一詞，直到你感覺有變化發生。

專心地讓手指、腳趾、頸部、頭部和下顎完全放鬆。允許身體放鬆、放下。將舌尖抵在口腔頂。緩慢地深呼吸。專心想著一件正面的事物，讓自己在心裡微笑。接著，用嘴巴微笑，知道神聖智慧跟你站在同一邊，協助你度過所有難關。

說：「神聖療癒智慧，請幫助我用他人聽得見、能明白的方式與他們溝通，賦予我自信，讓我爭取自己想要的東西，在生活中變得更有創意、更隨性。謝謝你。」

要強化下顎，你可以彎折中指，用拇指壓住它，然後將其他手指伸直。維持這個手勢 3～5 分鐘，同時緩慢地深呼吸。下顎務必保持輕鬆。

說：「神聖療癒智慧，請治療、放鬆並再生我的下顎以及所有相關的器官，讓它達到最大程度的健康與活力。」

- 搭配練習的不健康情緒（第294頁）：壓力323；憤怒294；愧疚309；恐懼303；困頓325；評斷315
- 搭配練習的健康情緒（第327頁）：放鬆338；平靜337；寬恕331；愛336
- 搭配練習的顏色（第346頁）：銀357；橘353；綠349；粉紅354

關節

可能成因

壓抑或抑制過去的痛苦，尤其是愧疚、怨念和憤怒；緊抓自己擁有的永遠都不夠的想法不放：金錢、愛、快樂、喜悅、機會等都不夠；覺得受困；批判自己和他人；活動受到阻礙。

療法

閉上眼睛。把注意力放在給你帶來問題的關節上。問自己：

是什麼讓我無法擁有彈性或允許自己前進？
我在什麼方面相信他人的限制和缺乏？

允許自己收到答案。問問題時越能好好放鬆呼吸，得到的答案越清晰。你可能會需要改變有關缺失和限制的想法，多學習彈性與流暢。

說：「神聖療癒智慧，我請求你釋放我關節的一切阻塞、限制、相信自己處處缺乏、壓抑的情緒以及愧疚與憤怒的感受，還有造成這個狀況的所有觀點、模式以及正面與負面的激情。」反覆說「清空」一詞，直到你感覺有變化發生。

想像你的手中有一個盛裝了療癒之油的小壺。把壺裡的油倒到關節上。看著療癒之油進入關節，為它創造更多輕鬆與彈性。想像活動這個關節卻不感到疼痛或不適，是什麼樣的感受。接著，動一動這個關節，察覺與先前的不同。

說：「神聖療癒智慧，請注入彈性的感受、活動以及愛、快樂和喜悅的流動，讓我輕鬆優雅地向前進。謝謝你。」

說：「神聖療癒智慧，請治療並再生我的關節，讓它們達到最大程度的力量、彈性與健康。」

- 搭配練習的不健康情緒（第294頁）：愧疚309；憤怒294；困頓325；批判298
- 搭配練習的健康情緒（第327頁）：寬恕331；平靜337；尊重339；支持340
- 搭配練習的顏色（第346頁）：綠349；粉紅354；橘353

腎臟

可能成因

活在愧疚、悔恨、埋怨、責備、古老的悲傷之中；緊抓過去的毀滅性觀念和回憶不放；因為所有的注意力都困在過去，所以記憶力很有限；筋疲力盡、憂鬱、麻木、令人癱瘓的恐懼；專注於人生的負面層面，無法信任，難以應付具挑戰性的狀況；被壓力壓垮；放棄。

療法

搓一搓雙手，接著稍微把手分開，想像雙手之間有兩團綠光。讓綠光越來越強。

說：「神聖療癒智慧，請啟動我的療癒能力，讓綠色的療癒光芒從我的雙手流進腎臟。」把雙手放在背部腎臟的位置上方。吸入綠光。一邊深呼吸，一邊專心地將綠光分散到兩隻手，使療癒能量能夠更順暢地流進腎臟。

說：「神聖療癒智慧，我請求你釋放我腎臟的一切愧疚、麻木、怨念、負面、不信任感和悔恨，還有造成這個狀況的所有觀點、模式以及正面與負面的激情。」反覆說「清空」一詞，直到你感覺有變化發生。

使用兩隻手的食指和中指慢慢輕拍眼睛下方，先由外往鼻子的方向拍，再慢慢往外拍。進行三十秒，同時一邊緩慢地深呼吸。這樣做不只能清理腎臟，也能消除眼袋和腫脹。

說：「神聖療癒智慧，請幫助我為自己的人生負責、原諒自己過去犯下的錯，帶著全新的自信與正面心態向前進。謝謝你。」

說：「神聖療癒智慧，請治療、再生、活化我的腎臟以及所有相關的器官，讓它達到最大程度的健康與活力。」

- 搭配練習的不健康情緒（第294頁）：悲傷307；憤怒294；愧疚309；恐懼303
- 搭配練習的健康情緒（第327頁）：寬恕331；純真335；榮耀334；喜悅335
- 搭配練習的顏色（第346頁）：橘353；銀357；綠349

膝蓋

可能成因

控制、責備、評斷、憤怒、埋怨、挫折、沒有彈性；感覺困頓；難以面對過去的某個人、問題或處境；困惑；凍結的慾望與未實現的夢想；未解決的家庭問題；難以做出決定，難以貫徹始終；害怕前進；極度渴望知道接下來會發生什麼事。

右膝

跟生命中某個重要男性角色之間的問題：父親、兄弟、叔伯等；事業難以進步；思維限制多；害怕失敗；問自己：「我人生中哪個方面沒有彈性？」

左膝

跟母親、姊妹、阿姨或生命中另一個重要女性角色之間出現問題；緊抓過去的悲傷、傷害和失去不放；感覺自己像受害者；持續不斷地批判；壓抑自己。

療法

起身，問自己：

我是否願意停止控制、責備、評斷自己和他人？
我能否允許自己帶著信任、愛與確信往前進？

如果答案是肯定的，請想像自己釋放一切恐懼、責備與沒有彈性。你可以想像你把自己身上沉重的控制繩索給切斷，或是從身體各部位取出恐懼的大石頭，丟進大海。

說：「神聖療癒智慧，我請求你釋放我膝蓋的一切責備、評斷、恐懼、憤怒、困惑、傷害、失去、悲傷與沒有彈性，還有造成這個狀況的所有觀點、模式以及正面與負面的激情。」反覆說「清空」一詞，直到你感覺有變化發生。

問自己：「現在我的手中握有什麼可能？」想像一個充滿無限選擇、彈性、流動和滿足的人生。現在，往前踏一步，讓自己真切地活在當下這一刻的自由、力量與流暢。深呼吸，確實感受擴張的體驗。

說：「神聖療癒智慧，請注入深刻的覺察、彈性、確信和自由的感覺，讓我為自己的行為負責，打開心胸接受美妙的機會與經歷人生的各種方式。謝謝你。」

現在，坐下來，搓一搓雙手。感覺雙手產生的溫熱和刺癢感，接著想像一道強大的綠光從雙手發射出來。把手放在膝蓋上，感覺綠光貫穿膝蓋，釋放所有的困頓和厚重，使之再生。手一直放在膝蓋上，直到你感覺上面描述的過程完成。

說：「神聖療癒智慧，請治療並再生我的膝蓋，讓它們達到最大程度的力量、彈性與健康。」

- 搭配練習的不健康情緒（第294頁）：憤怒294；控制296；批判298；埋怨320；困頓325

- 搭配練習的健康情緒（第327頁）：彈性與活動331；鼓勵329；自信329；平靜337；寬恕331
- 搭配練習的顏色（第346頁）：綠349；粉紅354；橘353

大腸

可能成因

突然大哭、困惑、不悅、挫折、停滯、憤怒；認為你什麼都做不好；想要逃跑，躲避全世界；覺得自己很不一樣，沒有人了解你；難以了解他人的觀點；固執地堅守自己的立場，與他人爭論；極度敏感、臉皮薄。

療法

說：「神聖療癒智慧，我請求你釋放我大腸的一切傷害、不悅、挫折、困惑與停滯，還有造成這個狀況的所有觀點、模式以及正面與負面的激情。」反覆說「清空」一詞，直到你感覺有變化發生。

說：「神聖療癒智慧，請支持我貫徹始終、把想法付諸實現的能力，讓我變得更開放、有彈性，接納每一個人的獨特與創意。謝謝你。」

說：「神聖療癒智慧，請治療、再生、活化我的大腸以及所有相關的器官，讓它們達到最大程度的健康與活力。」

參見腸道（第69頁）。

- 搭配練習的不健康情緒（第294頁）：壓力323；挫折306；憤怒294；評斷315
- 搭配練習的健康情緒（第327頁）：自由332；鼓勵329；快樂333
- 搭配練習的顏色（第346頁）：橘353；黃360；褐348；藍347

腿部

可能成因

覺得生活的壓力、緊繃和要求令你招架不住；被自認的阻礙所嚇到；背負著過去未解的問題，使你感到被壓垮；感覺不被支持、自我懷疑與不安全感。

右腿

難以付出行動；覺得遭到算計、限制、沒安全感、不被支持、不穩；方向錯誤、自我陷害、抵抗生命的流動；沒有給予自己足夠的時間傾聽自我，弄清楚目標。

左腿

感覺受傷、憤怒、過度敏感、自我批判、倍受壓力、擔憂；被過去未解的課題所束縛；害怕前進、為自己的行為負責；太過擔心他人如何看待你的選擇；為尋求認可或因需要賺錢過活，而去做自己不喜歡的事情。

療法

感謝你的雙腿背負著你。看看它們，謝謝它們，想想它們幫助你做到了哪些美好的事：站立、走路、跑步、跳躍、跳舞、開車、移動。它們對你有何價值？就算能夠得到一百萬元，你會願意賣掉它們嗎？應該不會。要明白，雙腿是無價的。因此，你本就富足。

留意你的雙腿有什麼感覺。它們是感覺受到束縛、沉重、虛弱，還是輕盈、自由、強壯？如果你的雙腿感覺備受束縛、限制、負擔，就請神聖療癒智慧幫你釋放這些負擔和限制。說：「神聖療癒智慧，我請求你釋放我腿部的一切負擔、阻礙、限制、沉重、傷害、憤怒、壓力、恐懼與虛弱，還有造成這個狀況的所有觀點、模式以及正面與負面的激情。」反覆說「清空」一詞，直到你感覺有變化發生。

把注意力放在雙腿背負的所有壓力和困頓，接著把這些全甩掉。你可以站起來，一次搖晃一條腿，或者坐下來，兩條腿一起抖動。若不能站立，就坐著搖。搖晃三十秒，再休息三十秒，感受能量為你的腿帶來刺刺癢癢的感覺。重複這個過程數次。接著，走一走或踏一踏六十秒，再休息三十秒。重複這個過程數次。隨著音樂起舞。這樣做可以促進腿部的血液循環。

深呼吸。把注意力放在腿部的溫熱和刺癢感，接著強化這些感覺。使用心靈的力量，將溫熱和刺癢感導向雙腿各處。加熱這股能量三十秒，接著再冷卻三十秒。持續這個過程五分鐘。專注在紅色和橘色這兩種顏色，就能創造熱量，藍色和粉藍則能帶來清涼。

雙手慢慢沿著腿部移動，從腳踝開始往上輕撫到大腿頂端。想像你的手指有如兩支筆刷的刷毛，而你正用它們將雙腿漆成粉紅色。如果察覺到任何厚重感，就讓粉紅色流過去，使之消散。

說：「神聖療癒智慧，請提升我的自信、透澈、自我賦能與創造的能力，讓我在生活中經歷自在、流動與平衡，給我力量，讓我在身邊所有人的全力支持下追尋我的夢想。謝謝你。」

按摩腿部，專心前進，感覺自己對於渴望在生命中所經歷的一切充滿自信、透澈明白。想像腿部輕鬆優雅地移動，接著實際站起來，有自信地行走。

如果有血液循環的問題，可以使用軟毛刷子用力刮你的腿三十秒（如果你有皮膚方面的問題，就不要這麼做），接著休息二十秒。重複這個過程 3～5 次。

說：「神聖療癒智慧，請治療並再生我的腿部、膝蓋和腳踝，讓它們變得完全健康、有活力與彈性。」

- 搭配練習的不健康情緒（第 294 頁）：壓力 323；恐懼 303；憤怒 294；招架不住 304
- 搭配練習的健康情緒（第 327 頁）：彈性與活動 331；透澈 327；自信 329；成功 341

• 搭配練習的顏色（第346頁）：紅356；橘353；藍347；粉藍358；粉紅354

肝臟

可能成因

不理性的挫折、凶巴巴、暴躁、愧疚、恐懼；渴望懲罰自我、阻撓自己的進展；持續不斷的內在掙扎與衝突；難以做出決定；時常找碴或責怪他人；傾向表現得像受害者，抱持「我真可憐」的心態；忽視他人的建議；難以寬恕和放下；難以入睡、放鬆、信任。

療法

搓一搓雙手，接著稍微把手分開，想像雙手之間有一團綠色和黃色的光球。把手放在肝臟上，想像或感覺這團能量流進肝臟，加以淨化，清除受損組織、感染、毒素、憤怒、恐懼、挫折以及其他任何負面感受。

說：「神聖療癒智慧，我請求你釋放我肝臟一切不理性的挫折、凶巴巴、暴躁、恐懼、猶豫不決、愧疚與責怪，還有造成這個狀況的所有觀點、模式以及正面與負面的激情。」反覆說「清空」一詞，直到你感覺有變化發生。

十指交握，把手放在肝臟上，以畫圓的方式順時鐘搓揉這個部位3～5次。接著，輕敲肝臟的部位。

說：「神聖療癒智慧，請提升我的平靜、耐心與和諧，讓我明白一切本就完美，想要享受人生，我只需要放慢速度，察覺生命賜予我的一切美好事物，一步一步慢慢來就好。」

找到臉頰最凹處，也就是顎骨和頰骨連接的地方。把食指和中指放在這裡，用力按摩三十秒，接著休息二十秒。重複4次。

說：「神聖療癒智慧，請治療並再生我的肝臟以及所有相關的器官，讓它們變得完全健康、有活力與彈性。」

- 搭配練習的不健康情緒（第294頁）：壓力323；恐懼303；挫折306；憤怒294；愧疚309
- 搭配練習的健康情緒（第327頁）：平靜337；寬恕331；愛336；尊重339；同情328
- 搭配練習的顏色（第346頁）：綠349；黃360

肺部

可能成因

悲傷、渴望、哭哭啼啼、痛苦、疲累、壓抑；難以表達自我或為自己說話；傾向把他人的需求和渴望放第一位，做太多事，導致自己喘不過氣；無法拒絕他人；感覺窒息或被過度保護；難以獨立自主；困惑或思緒不清；持續需要他人的鼓勵與支持。

療法

搓一搓雙手，接著稍微把手分開，想像雙手之間有橘色光芒。把手放在肺部上，吸入橘光，讓它溫暖你的肺部，清理、消除毒素。

說：「神聖療癒智慧，我請求你釋放我肺部的一切悲傷、痛苦、壓抑、依賴和疲累的感受。幫我放下總是把自己放在最後、為他人做得太多的傾向；無法拒絕他人的狀況；還有造成這個狀況的所有觀點、模式以及正面與負面的激情。」反覆說「清空」一詞，直到你感覺有變化發生。

把中指和食指放在嘴唇最外緣，盡可能用力往內壓，接著以畫圓方式移動，先是順時鐘按壓三十秒，再逆時鐘按壓三十秒，接著休息二十秒。重複這個過 4 次。

緩慢地深吸一口氣，同時把頭稍微往後傾，接著一邊吐氣、一邊把頭稍微往前傾。吸氣時，想像療癒的綠光流入肺部，使之再生；吐氣時，想像任何厚重或毒素釋放出來。進行 2～3 分鐘。

說：「神聖療癒智慧，請加強我用創意、有自信的方式充分表達自我的能力，讓我珍視、尊重自己，變得獨立自主。謝謝你。」

說：「神聖療癒智慧，請治療並再生我的肺部以及所有相關的器官，讓它們變得完全健康、有活力與彈性。」

參見胸腔（第81頁）。

- 搭配練習的不健康情緒（第 294 頁）：悲傷 307；挫折 306；自尊低落 317；招架不住 304
- 搭配練習的健康情緒（第 327 頁）：平靜 337；喜悅 335；自由 332；放鬆 338
- 搭配練習的顏色（第 346 頁）：橘 353；綠 349；粉紅 354；洋紅 352

嘴巴

可能成因

缺乏同理心、思想封閉、觀念有限；態度不佳，會說些傷人的話，批判、評斷、散播謠言、愛說八卦；擔心太多，不夠關愛或照顧自己；吃不營養的食物；自我憎惡。

療法

專注在你的嘴巴上。你的嘴巴裡面感覺怎麼樣？留意你的舌頭、牙齒和嘴唇。口腔內有什麼味道？是清新還是腐臭？你是否能夠咀嚼、消化生命帶給你的一切，還是你在抗拒人生、對它說不？你的牙齒是什麼狀況？它們是強壯有力，還是蝕爛鬆脫？你的嘴巴想要跟你說什麼？

放鬆嘴巴，留意它在你的生命中扮演的角色：它會幫你進食、品嚐、消化、說話、與他人連結、表達情感。

吃東西時，專心咀嚼食物，以幫助消化。跟別人說話時，專心表達你真正想說的話。表達情感時，留意你展露的情緒。

說：「神聖療癒智慧，我請求你釋放我嘴裡冒出的一切封閉思想、限制、態度不佳、評斷與批判，還有造成這個狀況的所有觀點、模式以及正面與負面的激情。」反覆說「清空」一詞，直到你感覺有變化發生。

閉上眼睛，想像你從口中吸入最清澈的白光。閉氣一下，想像這個白色能量宛如漱口水般漱過口腔。讓它在嘴巴裡四處流動，消除、釋放一切厚重、緊繃與壓力，接著把這些東西全吐出來。重複這個過程3～4次。你也可以使用其他顏色，如粉紅、橘或藍。

說：「神聖療癒智慧，請允許我變得更有同理心、更慷慨、更正向，讓我對我的生活和周遭的人的態度更好。謝謝你。」

說：「神聖療癒智慧，請治療並再生我的嘴巴、舌頭和牙齒，讓它們變得完全健康、有活力與彈性。」

- 搭配練習的不健康情緒（第294頁）：擔憂326；批判298；評斷315
- 搭配練習的健康情緒（第327頁）：榮耀334；同情328；寬恕331
- 搭配練習的顏色（第346頁）：白359；粉紅354；橘353；藍347

肌肉

可能成因

壓力、擔憂;緊抓恐懼、憤怒、悲傷不放;感覺招架不住,需要掌控你的人生;傾向思考、緊張,而非感受、放下;工作狂,感覺身上背負的責任很重;因害怕不被接受而難以表達自己真實的感受;困在打或逃反應中;內心凍結。

療法

專注在你的肌肉上。深呼吸,接著繃緊肌肉。一邊數到十,一邊閉氣。接著,放鬆肌肉,緩緩吐氣。重複這個過程數次。

說:「神聖療癒智慧,我請求你釋放我肌肉的一切緊繃、擔憂、恐懼、壓力、憤怒、悲傷和招架不住的感受,還有造成這個狀況的所有觀點、模式以及正面與負面的激情。」反覆說「清空」一詞,直到你感覺有變化發生。

吸氣時,想像你讓療癒的藍光充斥你的肌肉,讓藍光消除肌肉的所有緊繃、困頓與厚重。

說:「神聖療癒智慧,請幫助我放鬆,變得更開放、有智慧。賦予我勇氣,處理我的情緒,讓我不再背負所有的負面與厚重能量。謝謝你。」

說：「神聖療癒智慧，請治療並再生我的肌肉，讓它們變得完全健康、有力量與彈性。」

- 搭配練習的不健康情緒（第294頁）：壓力323；恐懼303；憤怒294；招架不住304
- 搭配練習的健康情緒（第327頁）：放鬆338；信念330；知足340
- 搭配練習的顏色（第346頁）：橘353；綠349；藍347

指甲

可能成因

難以應付各種日常瑣碎挑戰；惱人、不悅的觀念、想法和經歷卡在心裡出不來；停滯不前的感受；反覆出現的壓力與擔憂，感覺好像浪費時間，卻又還是會佔據太多你的時間；對親近的朋友、家人或伴侶感到沮喪或不悅；感覺充滿壓力、招架不住，好似有人突破你的保護屏障。

療法

留意有什麼人或事卡在你的心裡，就好像卡在指甲縫一樣。你不想面對誰？什麼事令你不悅？你必須學習如何處理情緒，而不是把它們撇在一邊，眼不見為淨。第一步就是要承認自己的感受。

專注在有問題的指甲上。留意貯存在那片指甲底下的情緒，接著使用另一隻手的手指，想像自己把這個情緒拉出來。一邊把指甲縫的情緒拉出來，一邊說：「恐懼」、「憤怒」、「責怪」等。接著，把這個負面情緒丟進紅色的火中，看著它消失，直到火焰從紅變白或從紅變綠。想像你用清澈、療癒、再生的液體塗指甲。

說：「神聖療癒智慧，我請求你釋放一切使我感覺不受保護、招架不住、困頓、無法處理想法和情緒的感受，還有造成這個狀況的所有觀點、模式以及正面與負面的激情。」反覆說「清空」一詞，直到你感覺有變化發生。

說：「神聖療癒智慧，請幫助我以充滿力量、正面、健康的方式應付人生的挑戰，賦予我正確的字眼，清楚、溫和、有技巧地表達自我，讓人們能真正聽懂、明白。謝謝你。」

說：「神聖療癒智慧，請治療並再生我的指甲，讓它們變得完全健康有力量。」

• 搭配練習的不健康情緒（第294頁）：不悅313；挫折306；擔憂326；壓力323
• 搭配練習的健康情緒（第327頁）：平靜337；支持340；透澈327
• 搭配練習的顏色（第346頁）：紅356；白359；綠349

頸部

可能成因

人際關係問題；無法交流情感；難以做出承諾；感覺困頓、沒有彈性、倍受壓力，彷彿某件事或某個人使你窒息；傾向把問題撇在一邊，眼不見為淨；緊抓關係中未解的問題不放，特別是跟父母、子女、過往的伴侶之間的關係；時常以負面的形象看自己；花太多時間思考，想要釐清某些事，卻沒有花足夠的時間傾聽自己的直覺，留意自己的感受。

療法

你是不是一直在說某個人或某件事令你煩躁？你的承諾是否使你窒息？你在生活中的哪些層面不願妥協、展現彈性？你是不是需要跟某個人好好聊聊？

專注在你的呼吸上。不要聳肩，放鬆頸部。專心讓肌肉鬆弛。雙手輕輕放在頸部上，傾聽它。把氣息帶到這個部位，問自己諸如以下的問題：

如果有某個想法貯存在我的頸部，那會是什麼？
如果有某個情緒貯存在我的頸部，那會是什麼？
如果有某個畫面或回憶貯存在我的頸部，那會是什麼？
我需要改變什麼，才能感覺比較好？

等待答案出現，接受它或把它寫下來。

閉上眼睛，想像自己把頸部的繩索、枷鎖、緊綳、厚重和沒有彈性全部取出，放進彩色的火中，看著它們燃燒殆盡。

說：「神聖療癒智慧，我請求你刪除、化解一切使我沒有彈性、充滿壓力、恐懼、緊張的感受。請取出我頸部的一切疼痛、相信某個人或某件事正帶給我痛苦的信念，還有造成這個狀況的所有觀點、模式以及正面與負面的激情。」反覆說「清空」一詞，直到你感覺有變化發生。

現在，讓你的頸部沐浴在療癒的綠光之中。想像這道綠光環繞著你的頸部，釋放厚重、放鬆肌肉、治好疼痛。

說：「神聖療癒智慧，請注入彈性、覺察、耐心、信任、信念和對生命中各種新可能的開放心胸，幫我解決過去的問題，帶著清澈的心朝未來邁進。謝謝你。」

說：「神聖療癒智慧，請舒緩、放鬆、鬆弛我的頸部。」

- 搭配練習的不健康情緒（第294頁）：困頓325；恐懼303；壓力323
- 搭配練習的健康情緒（第327頁）：彈性與活動331；寬恕331；榮耀334；尊重339
- 搭配練習的顏色（第346頁）：綠349；藍347

神經系統

可能成因

觸及痛處；感覺遭到攻擊或受到威脅；緊抓羞恥、愧疚、丟臉不放；因擔心未來或困在過去而繃緊神經系統；逼迫、繃緊、抵抗、掙扎；感覺神經兮兮、緊張不安、緊繃、焦慮；缺乏平衡、休息和放鬆；工作過度、認真過度、逼到極限；尋求興奮或刺激；容易成癮，如對菸酒或藥物上癮。

療法

坐著。把雙手放在大腿上，張開手，讓掌心朝上。閉上眼睛。專注在你的肩膀、頸部和背部上。深呼吸幾次，讓肩膀放鬆。深吸一口氣，想像一道藍光灌入你的頭頂、流到你的背部，讓整個神經系統沐浴在光芒之中。吐氣時，想像所有的神經緊繃、厚重與壓力離開身體。重複這個過程 8～10次。

說：「神聖療癒智慧，請幫助我再生神經系統，放下評斷、被攻擊或威脅的感受。我請求你刪除、化解我神經系統所背負的一切羞恥、愧疚、擔憂和丟臉，還有造成這個狀況的所有觀點、模式以及正面與負面的激情。」反覆說「清空」一詞，直到你感覺有變化發生。

將兩隻手的食指和中指伸直，再把無名指和小指放在拇指上。一邊維持這個手勢，一邊閉上眼睛，緩慢地深呼吸五到十五分鐘，放鬆你的身體。你可以播放一些平撫人心的音樂。專心想著讓你感覺平靜的愉悅事物。想像綠光沐浴、再生你的整個脊椎和神經系統。你可以想像自己漂浮在美麗的藍色大海上，或是在海灘上放鬆，讓溫暖的陽光消除一切緊繃。或者，想像一下最完美的一天會是什麼樣子：如何展開、會遇見誰、會做什麼、會有什麼感覺。

說：「神聖療癒智慧，請協助我毫不費力地放下一切緊繃，為我的神經系統注入平靜、清晰、祥和與放鬆。謝謝你。」

說：「神聖療癒智慧，請舒緩、放鬆並再生我的神經系統，讓它達到最大程度的健康與活力。」

- 搭配練習的不健康情緒（第294頁）：攻擊296；羞恥322；愧疚309；招架不住304；壓力323
- 搭配練習的健康情緒（第327頁）：尊重339；支持340；透徹327；放鬆338；自由332
- 搭配練習的顏色（第346頁）：藍347；綠349；金349；白359

鼻子

可能成因

尋求愛與關注；不聽從直覺；感覺不被注意、像個隱形人、不重要、沒有價值；感覺疲累、筋疲力盡、招架不住；傾向干涉他人的事務；愛探聽、八卦、批評、傷人。

療法

把一隻手輕輕放在鼻子上。感覺怎麼樣？用鼻子呼吸是否很容易，或者覺得鼻塞不適？鼻竇阻塞時，人們常常會感到疲累，想要遠離他人。你對周遭的人有什麼感覺？許多動物都用嗅覺作為一種直覺機制。你對培養直覺、遵循你的鼻子（即使鼻子為你帶來沒預料到或不想看見或經歷的東西）這件事有多開放？你的鼻子想跟你分享什麼事情？

說：「神聖療癒智慧，我請求你釋放一切使我無法聽從直覺、使我感覺招架不住、不重要、像個隱形人、沒有價值的感受，請幫助我放下我鼻子的一切疲憊與阻塞，還有造成這個狀況的所有觀點、模式以及正面與負面的激情。」反覆說「清空」一詞，直到你感覺有變化發生。

若想清理鼻竇，請將拇指、食指與中指的指尖湊在一起，另外兩指彎折置於掌心。兩隻手都做出這個手勢，接著放在腹部。維持這個姿勢五到十分鐘，每天3～4次。

說：「神聖療癒智慧，請幫助我連結直覺和神聖智慧，教我好好重視自己，感覺自己值得擁有我引進生命中的那些美好機會。謝謝你。」

閉上眼睛。想像一道靛色光芒穿過鼻竇，消除堆積在那裡的分泌物或厚重感。專心緩慢地將乾淨的空氣吸入鼻竇，並讓自己享受整個過程。

說：「神聖療癒智慧，請清理、治療並再生我的鼻子，讓它達到最大程度的健康與活力。」

- 搭配練習的不健康情緒（第294頁）：評斷315；批判298；招架不住304
- 搭配練習的健康情緒（第327頁）：愛336；認可338；尊重339；榮耀334
- 搭配練習的顏色（第346頁）：靛351；紫355；藍紫358

食道

可能成因

吞下悲痛、憤怒與傷害；難以要求自己需要或想要的東西；認為自己位居次位；認為自己想說的話不重要。

療法

想像你的食道，傾聽它。它看起來是乾淨健康，還是出現沉重、厚重或困頓的能量？你必須要開始表達自己的感受並重視自己。你對誰感到憤怒、沮喪或受傷？想像這個人或這群人就在你的眼前。說出你希望他們知道的事。你可以這麼說：「親愛的（使你困住的人或經歷），我希望你知道（把你要表達的話說出來）。」充分地表達，不要有所保留。一旦說出口，你就能清楚知道自己一直緊抓著不放的東西以及你需要表達的東西是什麼。

說：「神聖療癒智慧，我請求你融化我食道的深沉悲傷、悲痛、憤怒、傷害、自卑感和困頓，還有造成這個狀況的所有觀點、模式以及正面與負面的激情。」反覆說「清空」一詞，直到你感覺有變化發生。

想像一道橘光貫穿整個食道，化解所有的厚重、退化與限制。

說：「神聖療癒智慧，請加強我輕鬆呼吸、清楚溝通、重視自我及帶著關愛和勇氣充分表達自我的能力。謝謝你。」

讓橘光像輪子般旋轉，再生你的食道。

說：「神聖療癒智慧，請治療並再生我的食道以及所有相關的器官，讓它們達到最大程度的健康與活力。謝謝你。」

- 搭配練習的不健康情緒（第294頁）：悲傷307；挫折306；自尊低落317；招架不住304
- 搭配練習的健康情緒（第327頁）：寬恕331；同情328；鼓勵329
- 搭配練習的顏色（第346頁）：橘353；綠349；藍347

卵巢

可能成因

緊抓過去的傷害不放，特別是男性造成的傷害；貶低自我的正當性；不信任自己的直覺；自尊低落，感覺遭受忽略、是受害者；排斥自己的陰性特質或本質；認為陰柔就是軟弱；容易擔心每一個人和每一件事；把注意力放在老化上；失去力量、美貌和魅力；不允許自己享受感官和女性身分；有些人有生育方面的問題。

療法

身為女性讓你有什麼感覺？你覺得你是否欣然接受自己的陰性特質和感官，還是你想當個女超人，為別人做每一件事，卻忽略自己的需求？

為自己買一個東西或做一件事情時，你是否會想：「不，我不可能買得起這種東西，但如果我的伴侶、孩子、朋友、寵物或車子需要，我絕對會毫不猶豫地買下去」？

留意自己的需求和渴望。你的人生值得擁有哪些美好事物？倘若現在不能擁有這些東西，要待何時？假如你不照顧自己、寵愛自己，誰會滿足你的需求和渴望？

允許自己享受你的陰性特質、感官與身體。什麼衣服會使你感覺陰柔美麗？去買那些衣服，穿上它們吧。什麼話、形象、感受或行為會使你感覺充滿力量？就去想那些事、感受那些感受、說那些話、做那些行為吧。允許自己享受身為女人的美好。擁抱自己的陰性特質是美麗、勇敢又強大的事。

說：「神聖療癒智慧，請幫助我停止排斥、貶低、忽視自己或是把自己視為理所當然，讓我釋放我卵巢裡一切沒有價值、軟弱、沒有力量和失落的感受，還有造成這個狀況的所有觀點、模式以及正面與負面的激情。」反覆說「清空」一詞，直到你感覺有變化發生。

把雙手放在下腹、卵巢的位置上方。專心把最深沉、最強烈的愛與感激送給你的卵巢。謝謝它們所做的一切美好工作。如果你有小孩或渴望擁有孩子，請謝謝你的卵巢賜予生命。如果你還有經期，謝謝你的卵巢讓你連結月亮的節律、陰性的週期。

假如你想要有孩子卻無法生育，原諒你的卵巢不能實現你的願望。請求宇宙的神聖智慧支持你用另一種方式將孩子帶到你的生命，讓你依然可以體會有孩子陪伴的喜悅。

讓療癒的黃色陽光圍繞你的卵巢。讓這道光消除任何厚重，深深貫穿卵巢，回復它們的健康與活力。

說：「神聖療癒智慧，請幫助我重視、榮耀、傾聽我的直覺和神聖的指引，讓我歡喜接受自己的陰性特質、感官與肉體。謝謝你。」

說：「神聖療癒智慧，請治療並再生我的卵巢以及所有相關的器官，讓它們達到最大程度的健康與活力。」

- 搭配練習的不健康情緒（第294頁）：憤怒294；評斷315；悲傷307

- 搭配練習的健康情緒（第327頁）：寬恕331；同情328；榮耀334
- 搭配練習的顏色（第346頁）：黃360；橘353；金349

胰臟

可能成因

無法品味生命的甜美；覺得窒息、被呵護過度或沒受到足夠的照顧；擔憂過頭、絕望無助、失去控制；容易受他人影響；自尊低落，感覺憤恨、困惑、不公、不義；嗜糖、渴望甜美與柔軟；時常尋求速成解法，然後感覺失望；非常易受騙、被影響；固執難改。

療法

將兩隻手的中指平貼在一起，其他手指交纏。在太陽輪前方維持這個手勢3～4分鐘，一邊緩慢地深呼吸。

說：「神聖療癒智慧，我請求你釋放我胰臟的一切憤恨、過度擔憂、無助絕望的感覺和困惑，還有造成這個狀況的所有觀點、模式以及正面與負面的激情。」反覆說「清空」一詞，直到你感覺有變化發生。

閉上眼睛，專注在你的胰臟上。使用心之眼想像你的胰臟時，它看起來是清晰健康，還是陰暗沉重？

若是陰暗沉重，想像你拿著一個吸塵器，將胰臟裡陰暗沉重的點吸走，直到所有的不潔之物都被清除。

搓揉雙手一分鐘，接著稍微把手分開。想像雙手之間有明亮的橘光。把手放在胰臟上，感覺橘光進入、治療、再生、活化它。反覆說「現在就療癒、清除與再生」兩分鐘的時間。說：「神聖療癒智慧，請幫助我經歷甜美、滋養與喜悅，幫助我變得更強大、有自信、有力量，這樣我就能被聽見、傾聽和重視。謝謝你。」

說：「神聖療癒智慧，請治療並再生我的胰臟以及所有相關的器官，讓它們達到最大程度的健康與活力。」

- 搭配練習的不健康情緒（第294頁）：悲傷307；絕望312；愧疚309；控制296；拒絕318
- 搭配練習的健康情緒（第327頁）：透澈327；自信329；自由332；喜悅335

• 搭配練習的顏色（第346頁）：橘353；黃360

陰莖

可能成因

對自己沒有信心；害怕親密；感覺被拒絕、憤怒、愧疚、受害者情結；覺得被你所愛或曾經愛過的人給傷害；難以信任他人；覺得脆弱、孤單、恐懼、沒人愛、憂鬱；緊抓太多評斷和批判不放；不讓自己擁有歡愉和樂趣；背負許多跟家庭成員之間未解的問題：父親、母親、兄弟、姊妹、妻子、愛人、小孩等。

療法

誰讓你感覺受傷、愧疚、憤怒和埋怨？你願意做什麼來原諒這些人，放下自己的情感阻礙？

想像過去的愧疚、恐懼、拒絕、憤怒和埋怨像一圈圈的灰煙般從你整個生殖系統釋放出來。允許自己向前進。

想像美麗的粉藍光芒進入體內，再生所有的生殖器官，重拾自信、喜悅、歡愉和連結的感受。允許自己感受歡愉。

說：「神聖療癒智慧，我請求你釋放我陰莖和生殖系統的一切拒絕、憤怒、受傷、受害者情結、害怕親密和孤立的感受，還有造成這個狀況的所有觀點、模式以及正面與負面的激情。」反覆說「清空」一詞，直到你感覺有變化發生。

說：「神聖療癒智慧，請幫助我原諒所有曾傷害我的人，找回歡愉、感官、充滿力量的感受以及與他人親密連結的經歷。謝謝你。」

說：「神聖療癒智慧，請治療並再生我的陰莖以及所有相關的器官，讓它們達到最大程度的健康與活力。」

- 搭配練習的不健康情緒（第294頁）：恐懼303；愧疚309；憤怒294；埋怨320；拒絕318
- 搭配練習的健康情緒（第327頁）：寬恕331；純真335；尊重339；知足340
- 搭配練習的顏色（第346頁）：粉藍358；紅356；綠349

松果體

可能成因

感覺脫節、昏暗、困惑、缺乏覺察、失去連結、孤立；順從他人及其想要的，而非傾聽自己的直覺；無知、缺少覺察、懷疑、自我懷疑、不確定感、沒有彈性、自私。

療法

閉上眼睛，專注在你的松果體上。想像它是大腦中央一個非常小的光球。想像或感覺這顆光球被點亮，讓它點亮整個大腦。松果體若是清澈的，就能幫助你創造靈性連結，接收內在智慧。

說：「神聖療癒智慧，我請求你釋放我松果體一切昏暗、失去連結、孤立、無知、懷疑和固執的感受，還有造成這個狀況的所有觀點、模式以及正面與負面的激情。」反覆說著「清空」一詞，直到你感覺有變化發生。

說：「神聖療癒智慧，請幫助我感覺有所連結、開放與彈性，為我的生命帶來平衡、平靜的感受和神聖的見解。謝謝你。」

說：「神聖療癒智慧，請治療並再生我的松果體以及所有相關的腺體，讓它們達到最大程度的健康與活力。」

- 搭配練習的不健康情緒（第294頁）：自尊低落317；挫折306；招架不住304
- 搭配練習的健康情緒（第327頁）：放鬆338；自信329；平靜337；喜悅335
- 搭配練習的顏色（第346頁）：黃360；靛351；紫355；白359

腦垂體

可能成因

感覺枯竭、壓抑、灰心、情緒化、不帶感情、困惑；記憶力減弱、恐懼、不安穩；覺得受到威脅；難以做決定；不斷改變想法。

療法

專注在你的腦垂體上。將左手的中指和食指放在雙眉之間「第三眼」的位置。你的腦垂體感覺清澈還是厚重?如果感覺厚重,就放鬆你的額頭,想像你用紫色火焰(眉心輪的顏色)化解一切緊繃。你也可以搓揉雙手,在雙手之間創造紫色火焰。接著,把手放在腦垂體的位置或上方,心裡想著要化解一切緊繃。接著輕搓,用中指輕敲雙眉之間。

說:「神聖療癒智慧,我請求你釋放我腦垂體的一切疲勞、情感不穩、恐懼與困惑,還有造成這個狀況的所有觀點、模式以及正面與負面的激情。」反覆說「清空」一詞,直到你感覺有變化發生。

深呼吸,專注在你的腦垂體上。吐氣時,放下所有壓力。重複這個過程3~5次。

說:「神聖療癒智慧,請幫助我感覺更有精力、清晰、活力、充滿生命力,改善我的記憶力,賦予我穩定、安心的感受與心靈的平靜。謝謝你。」

一邊使用左手從根部到指尖按摩你的右手拇指,一邊專心活化腦垂體。使用藍紫色的光芒圍繞腦垂體,想像或感覺療癒能量再生它。

說:「神聖療癒智慧,請治療並再生我的腦垂體以及所有相關的腺體,讓它們達到最大程度的健康與活力。」

- 搭配練習的不健康情緒（第294頁）：恐懼303；憂鬱299；自尊低落317
- 搭配練習的健康情緒（第327頁）：平靜337；透澈327；愛336；自信329
- 搭配練習的顏色（第346頁）：橘353；黃360；靛351

攝護腺

可能成因

感覺自卑、困頓、羞恥、壓抑、無助、戒備心重；缺乏自信、信任和安全感；排斥自己的陽性特質；不確定如何表達自我感受；背負深沉的失望、怨念與愧疚。

療法

你覺得自己怎麼樣？你是否允許自己表達自我感受，還是你會壓抑它們？你覺得自己有成功達到人生的目標，還是背負失敗的感受？

閉上眼睛，專注在你的攝護腺上。想像你用綠光將它圍繞。問問看，有什麼感覺、情緒和經歷卡在你的攝護腺。想像那些感覺和經歷宛如雜草，被你拔出攝護腺。把它們放進火裡，看著它們燃燒。

說：「神聖療癒智慧，我請求你釋放一切的困頓、壓抑、無助、自卑、埋怨和羞恥，還有造成這個狀況的所有觀點、模式以及正面與負面的激情。」反覆說「清空」一詞，直到你感覺有變化發生。

現在，專注在自信的感受上。如果有一個顏色能幫助你感到自信，會是什麼顏色？想像自己把這個顏色灌入攝護腺中。有哪些想法或哪些話讓你感到自信？把它們說出來。專心想著讓你賦予自己力量和自信的一個事件或經歷。現在，把那種感覺變得更強。想像這種感覺像水一樣流入你的攝護腺。

說：「神聖療癒智慧，請增加我的自信和相信自己的能力，賦予我勇氣做出正向的行動，創造一個快樂、滿足、充滿力量的人生。謝謝你。」

說：「神聖療癒智慧，請治療並再生我的攝護腺以及所有相關的腺體，讓它們達到最大程度的健康與活力。」

- 搭配練習的不健康情緒（第294頁）：困頓325；羞恥322；絕望312；自尊低落317
- 搭配練習的健康情緒（第327頁）：寬恕331；榮耀334；尊重339；自信329
- 搭配練習的顏色（第346頁）：綠349；黃360；橘353

肋骨

可能成因

感覺困頓、負擔沉重，不斷懷疑自我，導致計畫遭到破壞；建立在恐懼、限制和掌控之上的人生架構。

療法

搓一搓雙手，感覺刺刺癢癢時，就把手放在肋骨上。想像右手傳出綠色的療癒之光、左手傳出白色的淨化之光。專心呼吸。每次吸氣，就專心讓整副肋骨的框架擴張，使它充斥療癒、再生的光芒。每次吐氣，就專心釋放所有的厚重和緊繃。欣然接受各種新的可能。

說：「神聖療癒智慧，我請求你釋放我肋骨的一切困頓、恐懼、控制、負擔、限制、自我懷疑和陷害，還有造成這個狀況的所有觀點、模式以及正面與負面的激情。」反覆說「清空」一詞，直到你感覺有變化發生。

說：「神聖療癒智慧，請幫助我發掘自己隨興、自由、有彈性的一面，讓我找到思考、看待人生的新方式，把所有的懷疑轉化成信念與自信。謝謝你。」

說：「神聖療癒智慧，請治療並再生我的肋骨，讓它達到最大程度的健康與活力。」

- 搭配練習的不健康情緒（第294頁）：困頓325；自尊低落317；恐懼303；控制296
- 搭配練習的健康情緒（第327頁）：自由332；自信329；透澈327
- 搭配練習的顏色（第346頁）：白359；綠349；黃360

脛骨

可能成因

憤怒、軟弱、遭到背叛的感覺、受害者情結、不忠；背負愧疚、自我懲罰、自我犧牲；想要復仇、正義和公平。

療法

說：「神聖療癒智慧，我請求你釋放我脛骨的一切憤怒、愧疚、自我懲罰、受害者情結、遭到背叛的感覺，還有造成這個狀況的所有觀點、模式以及正面與負面的激情。」反覆說「清空」一詞，直到你感覺有變化發生。

說：「神聖療癒智慧，請注入內在力量、自我賦能和自愛的感受，幫我找回純真、純淨和喜悅的感受。謝謝你。」

說：「神聖療癒智慧，請治療並再生我的脛骨、腿部和腳踝，讓它們達到最大程度的健康與活力。」

參見腳踝（第51頁）、腿部（第134頁）。

- 搭配練習的不健康情緒（第294頁）：愧疚309；憤怒294；評斷315
- 搭配練習的健康情緒（第327頁）：寬恕331；榮耀334；支持340
- 搭配練習的顏色（第346頁）：綠349；粉紅354

肩膀

可能成因

擔負全世界的重量；緊抓太多緊繃、壓力和擔憂不放；感覺不安全、不確定、驚恐、招架不住、悲傷、被拒絕、不信任人、氣餒；容易覺得受傷；肩膀下垂，顯示缺乏喜悅和樂趣；嚴肅；專注在問題、而非解決辦法上。

療法

專注在你的肩膀上。它們感覺如何？緊繃還是放鬆？留意你在肩上擔負的所有責任。閉上眼睛，深呼吸，想像所有的擔憂都被釋放出來，彷彿一塊塊大石頭被你丟棄。用你的雙手將這些石頭從肩上取下，投入想像中的大海。

說：「神聖療癒智慧，我請求你釋放我肩膀的一切緊繃、壓力、擔憂、不安全感、困惑、傷害、拒絕與悲傷，還有造成這個狀況的所有觀點、模式以及正面與負面的激情。」反覆說「清空」一詞，直到你感覺有變化發生。

深吸一口氣，繃緊肩膀。閉氣五秒鐘，接著緩緩吐出氣，完全放鬆肩膀。反覆做數次，直到肩膀變得比較輕盈。接著，右肩以逆時鐘的方式往前旋十五秒，接著休息十五秒。重複這個動作 3 次。現在，以順時鐘的方式往後做出同樣的動作。左肩也進行同樣的過程。

說：「神聖療癒智慧，請在我的生命中注入勇氣、平衡、自信和喜悅，幫助我在最艱困的挑戰中找到福氣和機會。謝謝你。」

讓自己完全放鬆幾分鐘。想像自己站在溫暖的黃色陽光中，讓陽光深深穿透你的肩膀，軟化肌肉，消除一切緊繃。

說：「神聖療癒智慧，請治療並再生我的肩膀，讓它們變得完全有力量、活力與活動力。」

• 搭配練習的不健康情緒（第294頁）：壓力323；擔憂326；恐懼303；招架不住304

• 搭配練習的健康情緒（第327頁）：平靜337；放鬆338；同情328；支持340

• 搭配練習的顏色（第346頁）：綠349；黃360；藍347

鼻竇

可能成因

對他人感到不悅、挫折，需要自己的空間；難以為自己說話或說出自己的想法；感覺被往四面八方拉扯，事情太多，使你覺得難以兼顧而筋疲力盡；思考太多，沒有感受或傾聽自己的神聖智慧。

療法

說：「神聖療癒智慧，我請求你釋放我鼻竇的一切不悅、挫折、缺乏自信、情感糾結和筋疲力盡，還有造成這個狀況的所有觀點、模式以及正面與負面的激情。」反覆說「清空」一詞，直到你感覺有變化發生。

要緩解鼻竇方面的問題、感冒、咳嗽或氣喘，請把十指交握，讓其中一隻手的拇指豎起，再用另一隻手的食指和拇指圈住這隻拇指。緩慢地深呼吸。維持這個手勢五到十五分鐘，一天進行數次。

說：「神聖療癒智慧，請讓我感覺安全、受到保護、清楚、滿足、有掌控好自己的人生，幫助我以充滿愛、關懷和溫柔的態度重視、照顧自己。謝謝你。」

說：「神聖療癒智慧，請清除並治療我的鼻竇和呼吸系統，讓它們達到最大程度的健康與活力。」

參見鼻子（第152頁）。

- 搭配練習的不健康情緒（第294頁）：壓力323；擔憂326；恐懼303；招架不住304；自尊低落317

• 搭配練習的健康情緒（第327頁）：平靜337；放鬆338；尊重339；自信329
• 搭配練習的顏色（第346頁）：紫355；靛351；藍紫358

骨骼

可能成因

評斷自我和他人；感覺他人令你失望、被背叛、利用、欺瞞；緊抓祕密不放；對自己和他人不誠實。

療法

你藏著什麼不願張揚的醜事？你過去的友情和感情有什麼未解的痛苦？現在正是解決這些問題——治療並前進——的時候，否則你將進一步衰退、永遠困在過去。對自己完全誠實並搭配寫日記或冥想，就能做到這點。

閉上眼睛，請求療癒嚮導協助你。當你看見或感覺到一個存在時，便請這位嚮導帶你到療癒室。進到這個房間後，坐下來，為你的問題請求建議和協助。坦然接受任何療癒訊息，這可能會馬上或在之後才出現，並以你看得見的象徵暗示呈現。

說：「神聖療癒智慧，我請求你釋放我骨骼的一切被背叛的感受、不誠實、評斷、未解的痛苦與欺瞞，還有造成這個狀況的所有觀點、模式以及正面與負面的激情。」反覆說「清空」一詞，直到你感覺有變化發生。

放下過去的痛苦時，一邊觀看你所藏著的醜事分解，不再消耗你的精力。

說：「神聖療癒智慧，請注入透澈、誠實和支持的感受，讓我變得更有力量，正直、誠實、開放地活著。謝謝你。」

想像骨骼沐浴在美麗的翠綠光芒之中，看著它吸進這療癒之光，變得更強壯並再生。

說：「神聖療癒智慧，請治療並再生我的骨骼，讓它達到最大程度的力量、彈性與健康。」

- 搭配練習的不健康情緒（第294頁）：評斷315；自尊低落317；埋怨320
- 搭配練習的健康情緒（第327頁）：支持340；認可338；信念330
- 搭配練習的顏色（第346頁）：綠349；粉紅354；紫355；銀357

皮膚

可能成因

無法保護他人或被他人保護；感覺不悅、憤怒、挫折，彷彿某個人或某件事激怒了你；自我否定、批判、貶低或甚至憎恨；怯懦、退縮、不安全感；做自己使你感覺位居次位、價值遭到貶損、不自在；覺得自己沒有歸屬感，豎起屏障戒備。

療法

什麼人或什麼事激怒了你？你需要說出口但沒有表達出來的事是什麼？想找出答案，請站在鏡子前。閉上眼睛，想像你就站在一個愛你的人旁邊。如果你能借用他們的眼睛，你會如何看待自己？當你感到正面時，張開雙眼，以愛的觀點看自己。你看自己的方式有什麼不同？愛你的人看見的是什麼？重申自己是值得被愛的。

現在，躺下來或坐下來，閉上眼睛。想像你手上拿著以不同顏色組成的雷射光束。想像你把光束移到任何不適、乾燥、腫脹、瘙癢或多斑的皮膚區域，看著光束根據治療的身體部位不同而改變顏色。例如，如果皮膚紅紅的，光束會變成藍色來抵銷紅腫；如果皮膚乾乾的，光束會變成粉紅色來再生那個地方；如果皮膚腫腫的，橘光很適合消腫；如果皮膚癢癢的，黃光有助舒緩。專心放下一切憤怒、挫折、自我批判、不悅和自我厭惡。

說：「神聖療癒智慧，我請求你釋放我皮膚的一切不悅、憤怒、挫折、批判、貶低和不安全感，還有造成這個狀況的所有觀點、模式以及正面與負面的激情。」反覆說「清空」一詞，直到你感覺有變化發生。

透過你的心之眼觀看皮膚慢慢變得清晰、明亮、有光澤、閃耀、柔軟。這個全新的皮膚讓你感覺如何？讓自己深呼吸，享受全新的皮膚。

說：「神聖療癒智慧，請允許我在做自己時感覺舒服、快樂和安全，讓我懂得愛、感謝、重視自己。謝謝你。」

專心對自己全新的皮膚感到舒適安定。

想要改善皮膚的觸感，請用無名指的指尖碰觸拇指的指尖，其他手指伸直。維持這個手勢2～3分鐘，一邊緩慢地深呼吸。一天做2～3次。

說：「神聖療癒智慧，我請求你移除我皮膚的一切毒素、細菌、不潔和壓力，再生我的皮膚以及所有相關的器官，讓它達到最大程度的健康與活力。」

即使無法立即看見成果，也請持續做這個練習，接受自己的本來面貌。你的皮膚和自信一定會出現變化。

• 搭配練習的不健康情緒（第294頁）：壓力323；擔憂326；恐懼303；招架不住304
• 搭配練習的健康情緒（第327頁）：平靜337；知足340；自信329；快樂333
• 搭配練習的顏色（第346頁）：黃360；藍347；白359；靛351；紫355；粉藍358

小腸

可能成因

覺得被拋棄、不安全、容易分心、脆弱、困惑、傲嬌；無止境地自我陷害和拖延；覺得散亂、困頓、失落；因單相思而憂愁。

療法

說：「神聖療癒智慧，我請求你釋放一切的不安全、被拋棄和困惑的感受，請幫助我放下我小腸的一切自我陷害、分神、困頓和拖延，還有造成這個狀況的所有觀點、模式以及正面與負面的激情。」反覆說「清空」一詞，直到你感覺有變化發生。

說：「神聖療癒智慧，請注入安全、輕盈、健康和專注的感受，幫我變得透澈、果決、平衡，讓我愛和感謝自己以及周遭的人。謝謝你。」

說：「神聖療癒智慧，請治療並再生我的小腸，讓它達到最大程度的健康與活力。」

參見腸道（第69頁）。

- 搭配練習的不健康情緒（第294頁）：困頓325；自尊低落317；恐懼303
- 搭配練習的健康情緒（第327頁）：透澈327；自由332；自信329
- 搭配練習的顏色（第346頁）：橘353；綠349；褐348；黃360

可能成因

感覺虛弱、困惑、害怕、沒安全感;難以與他人溝通,要求自己想要的東西;覺得不被支持、孤獨;不知道要向誰求援;覺得這個世界是個很不安全的地方;試著保護自己不受痛苦和傷害;感覺困在一個模式或處境中,走不出來。

頸椎(C)——脖子

C1——感覺恐懼、困惑、非戰即逃的反應;想逃離問題和責任;覺得不安全、不夠好,太專注在他人的看法上;扛起他人的問題,難以拒絕他人,玩心理遊戲;在生理層次上:頭痛、難以入睡、暈眩、疲憊、精神崩潰或焦慮恐慌,原因是負面情緒對交感神經系統、腦垂體、大腦和中耳造成影響。

C2——感覺被拒絕、沒有彈性;覺得自己比別人懂;無法下定決心;感覺挫折、憤怒、怨念;想找代罪羔羊;覺得失衡、氣餒、憂鬱、失去力量、失去與靈性能量的連結;在生理層次上:過敏、耳痛、耳聾、昏厥以及眼睛或鼻竇方面的問題。

C3——相信他人的負面想法;評斷自己和他人;覺得沒有安全感、脆弱、猶豫不決;自尊低落;感覺受限、不耐、不悅;容易咬牙切齒;在生理層次上:耳朵、牙齒、下顎、頭痛或者粉刺、丘疹、濕疹等皮膚方面的問題。耳朵方面的問題可能是耳脹、聽力減弱、耳鳴、眩暈。

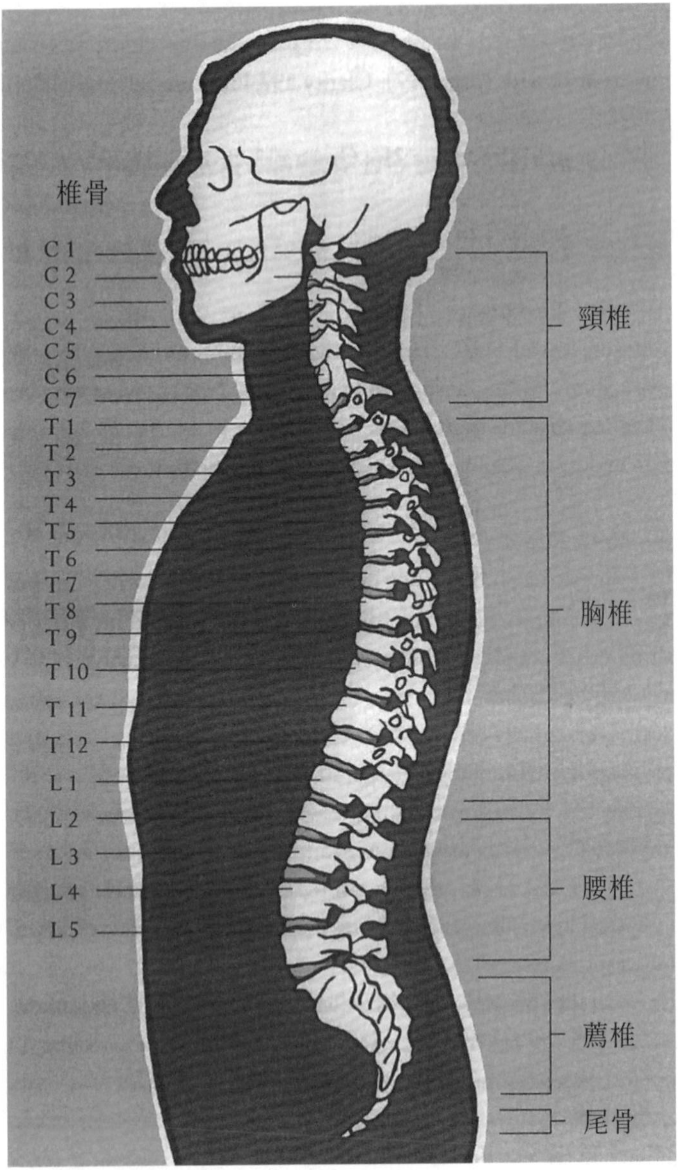

C4——覺得人生不公平；背負過去的愧疚、未解的痛苦與悲傷，特別是跟你親近的人之間出現的問題；壓力太大，覺得無力招架；壓抑憤怒的感覺，然後爆發；在生理層次上：花粉熱、卡他熱、腺樣增殖、耳聾、口潰瘍、鼻竇炎。

C5——害怕自己是錯的；畏懼羞辱、丟臉或嘲弄；因過於擔憂他人可能會有的想法而難以表達自我；經常自我陷害、價值感低、難以接受好的事物到你的生命裡；覺得負擔過多、緊繃、受限；在生理層次上：聲帶問題、喉炎、沙啞、喉嚨痛。

C6——擔憂、焦慮和壓力使你招架不住；不處理自己的問題，而是去干涉他人的人生，想解決他們的問題，同時轉移自己的注意力；抗拒人生，感覺困頓，害怕放下過去的恐懼和改變；在生理層次上：頸部僵硬、肩膀痠痛、扁桃腺炎、百日咳。

C7——覺得疲勞、沒有啟發、精力耗盡、情緒劇烈、心智不清；負面、缺乏以及對未來的恐懼使你無法動彈；感覺麻木，失去跟自我的真理及充滿力量感的連結；在生理層次上：甲狀腺方面的問題、感冒、肩膀痠痛、肩膀僵硬、手肘方面的問題。

胸椎（T）——中背

T1——覺得責任令你招架不住，想要跑去躲起來，讓別人掌管大局；難以放下和信任；找不到中心點；在生理層次上：手臂、手部、手腕和手指出現疼痛、感冒、難以呼吸、喘不過氣，嚴重的話會發展成氣喘。

T2——感覺封閉，無法給予或接受完整的愛；控制慾強，保護心不受傷害，緊抓過去的痛苦心碎不放；不信任人，隨時戒備，認為有人在做對你不利的事，要傷害你；無法愛或照顧自己；緊抓太多恐懼與擔憂不放；覺得無助絕望，像是生命的受害者；在生理層次上：胸腔感染和心臟方面的問題，包括動脈和瓣膜的併發症。

T3——覺得困惑、害怕、散亂、失落；難以找到對的字眼表達自我；壓抑過去的悲傷與憤怒；做他人的奴隸，讓他人利用自己；總是把自己擺在最後，導致身心俱疲；太依賴他人的意見，不學著信任、重視自己的智慧、內在指引和直覺；在生理層次上：胸腔充血、流感、上下呼吸道感染。

T4——覺得人生充滿掙扎和看似無法突破的挑戰，使你感到不悅、惱怒、挫折；可能會嫉妒他人，羨慕他們的人生跟你的比起來好像輕鬆許多；嚴厲評斷自己和他人，只看人生負面的那一面；背負過去未解的痛苦和創傷；害怕療癒或放下，因為你只知道這樣的人生；在生理層次上：膽囊方面的問題、黃疸、帶狀疱疹。

T5——感覺困頓，彷彿事情沒有往對的方向前進；太專注於外在世界所能給予你的一切；需要有時間好好自己覺察的情緒，努力處理它們，而不只是因為這些情緒太難應付就抑制它們；因為沒有留意，使得身心承擔太多壓力；在生理層次上：肝臟方面的問題、發燒、低血壓、循環不良、關節炎、食物成癮。

T6——背負太多負擔、壓力和問題；認為愛一個人就要持續不斷地擔心他，無法脫離這種思維；覺得被他人的力量擊倒、控制；相信自己別無選擇，必須待在某個局勢中；害怕失望、失敗或拒絕；認為他人比你還懂，但心裡很想證明他們是錯的；難以做出賦予力量的決定；在生理層次上：腸胃問題、消化不良、胃灼熱、脹氣、沉重感、體重問題／肥胖。

T7——背負憤恨、怨念和受害者情結；覺得自己的人生不值得獲得美好的事物；不耐煩地尋找速成解法，然後因為沒有效而覺得失望；覺得你必須向他人證明自己，以被他人接納；過度謹慎，太過嚴肅看待人生；需要為日常生活多注入一些幽默和樂趣；在生理層次上：胰臟和十二指腸方面的問題、糖尿病、潰瘍或胃炎。

T8——對人生不滿，卻又抗拒改變；太容易受他人影響，雖然一旦下定決心後又極為執拗；非常敏感，容易受傷，時常誤解他人的意思；害怕失敗或在人前看起來愚蠢；愛記恨，並尋找可以責怪的人；在生理層次上：脾臟和免疫系統方面的問題、黏膜充血、咳嗽、缺少精力與活力。

T9——不看重自己和自身需求；只會埋頭苦幹，不會單純存在；為了讓人覺得自己很厲害而做出超過自己能力範圍的事，然後覺得筋疲力盡；尋求認可；感覺與人生脫節；在興奮過度和憂鬱、充滿希望和絕望、快樂和悲傷之間交替；完美主義；在生理層次上：腎上腺方面的問題、疲勞、過敏、蕁麻疹。

T10——活在過去，緊抓埋怨、憤怒、評斷和責備的感受不放；覺得如果緊抓著憤怒不放，就會傷害對方，卻沒想過這樣也會傷害你，使你被困住；拒絕改變、從對方的觀點看事情；自私、自大、正義魔人；在生理層次上：腎臟方面的問題、慢性疲勞、動脈硬化。

T11——自尊低落，難以融入，難以感覺被接納；害怕別人會利用你、傷害你；覺得位居次位，好像自己有什麼問題似的；在關係中難以說出自己的需求；時常引來暴力關係；在生理層次上：腎臟方面的問題、粉刺、丘疹、濕疹。

T12——感覺沒安全感、害怕、失落；難以消化人生；時常害了自己和可能成功的機會；深深相信自己就該痛苦掙扎；緊抓過去的愧疚不放，使你無法向前進；在生理層次上：小腸方面的問題、風濕、不孕。

腰椎（L）——下背部

L1——覺得被過去的怨念、停止和未解的問題所毒害；想法和所說的話跟實際行為不一致，導致困惑、憂鬱、批判和悲傷的感受；必須原諒、前進、做出正面的行為才能療癒；在生理層次上：便秘、結腸炎、腹瀉、疝氣。

L2——覺得自己別無選擇，自暴自棄的感覺；太專注於外在世界和你沒有得到的東西，而非專注在自己的內在力量；需要處理兒時的痛苦和自尊低落的課題；對自己的處境感到無能為力，把自己逼到極限；在生理層次上：腹部和大腿疼痛、闌尾炎、痙攣、呼吸困難、靜脈曲張。

L3——覺得不是缺乏慾望，就是擁有太多慾望卻沒有發洩的出口；試圖把未解的問題撇在一邊，假裝它們不重要，而不是去處理它們；中斷與情感的連結，這樣就不會感覺到被你壓抑著的拒絕、恐懼、憤怒和挫折；傾向暴怒或突然大肆評斷；對他人的看法極為敏感；排斥自己的性別特質與能量；感情中出現溝通和承諾方面的問題；經歷混亂、不明與抗拒；困在自己的觀點裡；在生理層次上：膀胱方面的問題、失禁、膝蓋疼痛、性功能障礙及生殖系統方面的問題，如經痛和陽痿。

L4——在工作和家庭上感覺缺乏力量；賺錢養活他人的壓力；經濟問題；對於該採取什麼行動感到無力招架與困惑；難以重視自我；允許他人左右你的價值；找藉口讓事情維持原本的狀態；難以完成一件事；害怕失敗；禁慾或滿腦子都是性愛；在生理層次上：攝護腺問題、下背疼痛、坐骨神經痛、排尿困難或疼痛。

L5——感覺虛弱、困惑、被壓垮，彷彿有東西把你拉住，使你無法前進；緊抓遭受背叛、拋棄和孤立的感覺不放；難以信任人，難以貫徹始終；經常自我陷害、憤怒和焦慮；傾向把自己當成受害者；在生理層次上：腿部方面的問題、循環不良、腳踝腫脹或虛弱、雙腳冰冷、腿部痙攣。

薦椎

感覺不被支持，背負未解的家庭課題，緊抓兒時的憤怒和埋怨不放；缺乏自信，不相信自己；自己的身體和生活使你感到不自在；背負愧疚、怨念和羞恥；在生理層次上：髖骨和臀部方面的問題、脊椎側彎。

尾骨

感覺失衡；專注在人生很不公平、你得不到自己想要的東西等念頭上；責怪他人或人生際遇使你遭遇這麼多挑戰、錯誤與失敗；容易憂鬱、失望、幻滅；覺得被背叛或被欺騙；經常自我陷害、陷入負面情緒與恐懼；人生感覺單調、重複性高；好像沒什麼變化；失去方向和自信；在生理層次上：直腸或肛門方面的問題，如痔瘡。

療法

碰觸脊椎痠痛的位置，深呼吸，想像一切困頓釋放出來。接著，從拇趾到腳跟按摩雙腳的側邊，因為這個部位對應到你的脊椎。繼續專注在痠痛的位置。按摩痠痛的位置時，閉上眼睛，深吸幾口氣，專注在綠色這個顏色。想像它化解任何阻塞（看起來可能黑黑的）。接著，專注在脊椎痠痛的位置，把氣息帶到那裡，使之充斥著綠光。

說：「神聖療癒智慧，我請求你化解我脊椎（你可以明確一點，點出脊椎疼痛的位置，如L2）的一切疼痛、壓力與緊繃。我請求你現在就讓我脊椎的每一塊骨頭整齊排列。」反覆說「清空」一詞，直到你感覺有變化發生。

參見背部。

- 搭配練習的不健康情緒（第294頁）：練習跟你所專注的椎骨有關的情緒
- 搭配練習的健康情緒（第327頁）：自信329；放鬆338；認可338；支持340；知足340；以及其他跟你所專注的椎骨有關的情緒
- 搭配練習的顏色（第346頁）：綠349；黃360；藍347

脾臟

可能成因

覺得無助、跟陰性特質失去連結、害怕、凍結、憤怒、挫折；過度敏感、容易受影響；總是在挑別人的毛病，試圖控制或改變他們；不願面對自己的問題，不想完全參與人生；總是擔憂他人。

療法

閉上眼睛，雙手握拳，將拇指放在無名指之上。專注在困在脾臟和體內的憤怒、挫折、無助和恐懼感。深呼吸，讓自己跟這些感覺建立充分的連結。進行這個動作三十到六十秒。繃緊整個身體十到二十秒，接著完全放鬆，打開手掌。重複這個過程數次，直到感覺比較輕鬆。

說：「神聖療癒智慧，我請求你釋放我脾臟的一切無助、恐懼、挫折、控制與不滿，還有造成這個狀況的所有觀點、模式以及正面與負面的激情。」反覆說「清空」一詞，直到你感覺有變化發生。

專心接收宇宙給予你渴望的一切幫助、力量、自信與知足，讓這些流入你的雙手。想像各種顏色進入你的手中，連同那些使你變得快樂、獲得健康以及能夠引來你所需要的經濟或其他資源的屬性。讓自己滿溢富足和可能性的能量。

把手放在脾臟上。一邊按摩、一邊反覆說「現在就療癒、清理與再生」數分鐘的時間。說：「神聖療癒智慧，請幫助我傾聽自己的智慧，做出療癒、賦能、絕佳的決定，讓我經歷更充實的人生。謝謝你。」

說：「神聖療癒智慧，請治療並再生我的脾臟以及所有相關的器官，讓它們達到最大程度的健康與活力。」

- 搭配練習的不健康情緒（第294頁）：壓力323；擔憂326；恐懼303；憤怒294
- 搭配練習的健康情緒（第327頁）：平靜337；放鬆338；喜悅335；愛336
- 搭配練習的顏色（第346頁）：綠349；藍紫358；橘353

胃

可能成因

難以消化人生、難以吸收新知；覺得困在恐懼、限制、擔憂、愧疚與絕望的模式中；表現得優越、自大、控制慾強，認為自己比別人厲害，或感覺自卑、位居次位；可能會自我膨脹、要求高，希望一切照你的方式走；難以表達自我和處理被拒絕的感受；感覺被攻擊，彷彿腹部挨了一拳。

療法

把注意力放在你的胃，留意這個部位的感受。如果你的胃會說話，可以告訴你它的感覺，它會說什麼？你的胃緊抓著什麼感覺、能量或經歷不放，使你痛苦？想像你面前有一團紫色的火。想像你把胃裡的一切擔憂、緊張、攻擊、愧疚、困頓、拒絕和痛苦取出，放進這團火中。

說：「神聖療癒智慧，我請求你釋放我胃裡的一切絕望、緊張、擔憂、自大、愧疚、拒絕和攻擊，還有造成這個狀況的所有觀點、模式以及正面與負面的激情。」反覆說「清空」一詞，直到你感覺有變化發生。

從根部到指尖慢慢按摩你的右手食指，想像所有貯存在那裡的負面能量都被釋放出來，扔進火裡。進行數分鐘的時間。

反覆說：「我放下所有控制、擔憂與愧疚。我歡迎所有喜悅、平靜與健康。」

想像美麗的黃色陽光灌入你的胃，緩和、清理、放鬆它。

說：「神聖療癒智慧，請增加我的信念、自信以及相信生命會帶給我最棒、最有力量、最精彩的經歷，讓我學習成長的能力。謝謝你。」

要緩解消化方面的問題，請用中指以畫圓的方式按摩你的鼻尖，在不會造成不適的前提下盡量用力。按摩四十五秒，然後休息二十五秒。重複這個過程3～4次。

說：「神聖療癒智慧，請治療並再生我的胃以及所有相關的器官，讓它們達到最大程度的健康與活力。」

- 搭配練習的不健康情緒（第294頁）：困頓325；控制296；拒絕318；愧疚309；攻擊296
- 搭配練習的健康情緒（第327頁）：寬恕331；愛336；喜悅335；快樂333；鼓勵329
- 搭配練習的顏色（第346頁）：綠349；黃360；藍347

牙齒

可能成因

緊抓羞恥、愧疚、恐懼、憤怒、責備和憤恨不放；難以做出賦予力量的決定；自我疏忽；未解的兒時問題，經常自我陷害；感覺招架不住、充滿壓力；對於無法清楚表達自我感到挫折。

療法

專注在你的牙齒上。閉上眼睛。想像你有一個小小吸塵器，能夠吸走牙齒所有的厚重或毒素。看著厚重、沉重的能量從你口中釋出。

說：「神聖療癒智慧，我請求你釋放我牙齒的一切羞恥、愧疚、恐懼、疏忽、責怪、憤怒與憤恨，還有造成這個狀況的所有觀點、模式以及正面與負面的激情。」反覆說「清空」一詞，直到你感覺有變化發生。

如果會牙痛，可以用拇指指尖碰觸小指指尖，其他手指伸直。兩隻手都做十到十五分鐘，直到感覺比較輕鬆。

想像一種美麗的珍珠色物質被放進每一顆牙齒裡，開始再生牙齒，使它們更強壯健康。

說：「神聖療癒智慧，請幫助我傾聽自己的智慧，做出療癒、賦能、絕佳的決定，讓我經歷更充實的人生。謝謝你。」

說：「神聖療癒智慧，請治療並且再生我的牙齒和牙齦，讓它們達到最大程度的健康與活力。」

- 搭配練習的不健康情緒（第294頁）：羞恥322；愧疚309；恐懼303；憤怒294
- 搭配練習的健康情緒（第327頁）：純真335；寬恕331；平靜337；自由332
- 搭配練習的顏色（第346頁）：白359；藍347

睪丸

可能成因

感覺受到威脅、暴露在外、沒安全感；無法處理生命帶給你的際遇；對自己的性能力感到不自在；緊抓愧疚、羞恥、憤怒不放；難以原諒並向前進。

療法

你在對誰生氣？要放下這份怒氣，你需要做什麼？你的人生要向前進，你需要採取什麼做法？如果你已經準備好放下痛苦和憤怒，就進行寬恕的練習，即使你只是要原諒你自己。

說：「神聖療癒智慧，我請求你釋放我睪丸裡的一切負面、不安全、愧疚、憤怒、威脅和羞恥的感受，還有造成這個狀況的所有觀點、模式以及正面與負面的激情。」反覆說「清空」一詞，直到你感覺有變化發生。

起身，挺直你的脊椎。搓揉雙手，接著稍微把手分開。想像掌心之間出現綠光。掌心向下，手指靠攏，放在睪丸的位置，以兩隻中指碰觸。緩慢地深呼吸，專心用綠光再生睪丸，為它們帶來能量。進行 3～5 分鐘。

說：「神聖療癒智慧，請幫助我對自己的性能力和陽性特質感到舒適自在，讓我從容、優雅、自信地過生活。謝謝你。」

說：「神聖療癒智慧，請治療並再生我的睪丸，讓它們達到最大程度的健康與活力。」

- 搭配練習的不健康情緒（第294頁）：羞恥322；愧疚309；恐懼303；憤怒294
- 搭配練習的健康情緒（第327頁）：寬恕331；榮耀334；平靜337；自由332
- 搭配練習的顏色（第346頁）：綠349；橘353；黃360

視丘

可能成因

感覺跟真實的自我失去連結；難以與他人溝通或理解他人；感覺所有的事情都堆在你頭上；覺得亂七八糟、混沌、困惑；覺得沒人認可你的工作；貶低、不尊重自己，剝奪自己的力量；難以做出明確的選擇。

療法

說：「神聖療癒智慧，我請求你釋放我視丘的一切失去連結、混沌、貶低、困惑與限制的感受，還有造成這個狀況的所有觀點、模式以及正面與負面的激情。」反覆說「清空」一詞，直到你感覺有變化發生。

起身。十指交握，接著使拇指遠離食指。把手高舉過頭，拇指面向後腦勺。拇指往後腦勺延伸。維持這個手勢一到兩分鐘。想像明亮的黃光從你的雙手流進視丘。緩慢地深呼吸。讓這道光再生你的視丘，恢復完美的運作秩序。

說：「神聖療癒智慧，請注入透澈、連結和健康的感受以及秩序和認可感。謝謝你。」

說：「神聖療癒智慧，請治療並再生我的視丘以及所有相關的器官，讓它們達到最大程度的健康與活力。」

參見腦部（第72頁）。

- 搭配練習的不健康情緒（第294頁）：困頓325；壓力323；擔憂326
- 搭配練習的健康情緒（第327頁）：透澈327；放鬆338；平靜337
- 搭配練習的顏色（第346頁）：靛351；白359；紫355；黃360

大腿

可能成因

無法孕育新點子；觀點過度批判、負面、評斷、限制；感覺壓抑、被拒絕、困頓、害怕、忽視；難以照顧自己。

療法

專注在大腿上，輕輕按摩它們。同時，留意大腿背負的一切有害的評斷與批判。每次出現負面想法，就想成是一根雜草，需要拔除。想像自己拔掉這些雜草。

說：「神聖療癒智慧，我請求你釋放我大腿的一切批判、負面、評斷、缺乏、困頓與恐懼，還有造成這個狀況的所有觀點、模式以及正面與負面的激情。」反覆說「清空」一詞，直到你感覺有變化發生。

現在，專心享受你的身體。告訴你的大腿你有多感謝它們，謝謝它們做得這麼好，支持、背負著你。

說：「神聖療癒智慧，請幫助我孕育美妙、有創意的新點子，讓我變得更正面喜悅，更願意參與人生的冒險旅程。謝謝你。」

按摩大腿。想像一道強大的銀光貫穿大腿，提供力量與再生。說：「神聖療癒智慧，請治療並再生我的大腿，讓它們達到最大程度的健康與活力。」

- 搭配練習的不健康情緒（第294頁）：拒絕318；困頓325；恐懼303；評斷315
- 搭配練習的健康情緒（第327頁）：信念330；自由332；支持340；快樂333
- 搭配練習的顏色（第346頁）：橘353；綠349；銀357

喉嚨

可能成因

難以溝通、自尊低落、自我懷疑、自我陷害；感覺封閉、被誤解、被拉住、害怕、挫折、困頓、不值得美好的事物；與自我產生衝突，不斷三心二意；難以信任；感覺憂鬱、悲傷、絕望、沒有創意、沒有啟發；認為自己別無選擇。

療法

把注意力放在喉嚨上，把氣息帶到那裡。現在，想像有一團火圍繞著喉嚨背面。專注在這團火，把所有的痛苦、痠痛、恐懼、自尊低落、不信任感、評斷和缺失丟進紅色的火中，燃燒殆盡。

說：「神聖療癒智慧，我請求你釋放我喉嚨的一切不值、悲傷、自我懷疑、別無選擇的感覺，還有造成這個狀況的所有觀點、模式以及正面與負面的激情。」反覆說「清空」一詞，直到你感覺有變化發生。

現在，想像有一顆很大的藍色泡泡包圍住喉嚨正面。專注在這顆泡泡，讓它像一朵柔軟的藍雲圍繞你的喉嚨。讓雲朵的柔軟飄進喉嚨，使之充滿自信和以強而有力、誠實、充滿關愛、清楚、表達得當的方式說話的能力。

說：「神聖療癒智慧，請加強並改善我的溝通能力，幫助我打開心胸接受全新美好的可能、獲得改善的關係以及更大的自信。謝謝你。」

看著雲朵變成喉嚨前方的一個擴音器，讓你所說的一切都能被聽見。你一定要願意發自內心傳達賦予力量的訊息，你想溝通的東西才會對他人和自己有利。

如果喉嚨痛，你可以試試瑜伽的獅式，加速療癒。跪地，坐在腳跟上。掌心牢牢放在膝上，手指盡可能地張開。用鼻子深吸一口氣，嘴巴打得開開的，舌頭吐出、彎向下巴。眼睛睜大，手指僵硬。一邊緩緩從嘴巴吐氣，一邊發出「哈！」的吼聲。重複這個招式五六次。

說：「神聖療癒智慧，請治療並再生我的喉嚨，讓它達到最大程度的健康與活力。」

- 搭配練習的不健康情緒（第294頁）：壓力323；擔憂326；恐懼303；招架不住304
- 搭配練習的健康情緒（第327頁）：鼓勵329；自信329；透澈327
- 搭配練習的顏色（第346頁）：粉藍358；藍347；橘353

胸腺

可能成因

相信謊言和假的觀念；缺乏完整性；精神壓力、緊繃和擔憂不斷累積；難以為自己的行為負責；扮演受害者；覺得不快樂、心情低落、脆弱、疲累、情緒高低起伏。

療法

閉上眼睛，傾聽你的胸腺。留意那裡貯存的任何厚重或沉重。想像你使用橘色的光芒化解胸腺的一切厚重與緊繃。

說：「神聖療癒智慧，我請求你釋放我胸腺的一切緊張、不快樂、不穩定的感受以及謊言、擔憂和壓力，還有造成這個狀況的所有觀點、模式以及正面與負面的激情。」反覆說「清空」一詞，直到你感覺有變化發生。

要改善胸腺的問題，請把注意力放在那裡，然後微笑。笑得越多越快樂，胸腺就運作得越好。現在，想想會讓你大笑或感覺真的很快樂的事情，然後再次微笑。想要進一步刺激胸腺的話，請將兩根手指放在胸腺上輕敲15～20次，同時繼續保持微笑。

說：「神聖療癒智慧，請加強我的免疫系統和整體健康，讓我將緊張轉化成冷靜、不穩轉化成安穩、謊言轉化成實話。謝謝你。」

說：「神聖療癒智慧，請治療並再生我的胸腺以及所有相關的腺體，讓它們達到最大程度的健康與活力。」

- 搭配練習的不健康情緒（第294頁）：困頓325；壓力323；擔憂326；焦慮296；批判298
- 搭配練習的健康情緒（第327頁）：放鬆338；透澈327；平靜337；自由332
- 搭配練習的顏色（第346頁）：橘353；綠349；粉紅354

甲狀腺

可能成因

缺乏動力；感覺遲鈍、麻木、跟人生的目的失去連結；有所保留，不斷想要藉由背負他人的負荷與擔憂來討好他們；頭腦不清；感覺情緒不穩、上上下下、困惑；一直玩愧疚和懲罰的遊戲；自我陷害；做事情沒效率，浪費許多時間，進而耗盡你的精力；永遠沒有時間把事情做完。

療法

專注在你的甲狀腺上。你在保留、刻意不表達出什麼？你的甲狀腺背負著誰的擔憂或負荷？你想要做卻沒在做的事情是什麼？

留意任何阻塞。可以把它們想像成綁住甲狀腺的繩子或枷鎖。想像面前有一大團火。把甲狀腺的所有枷鎖和繩子取出，丟進火中，同時也務必要化解關於他人的一切負荷、擔憂和壓力。

說：「神聖療癒智慧，我請求你釋放我甲狀腺的一切麻木、缺乏動力、疲累、不穩和困惑，還有造成這個狀況的所有觀點、模式以及正面與負面的激情。」反覆說「清空」一詞，直到你感覺有變化發生。

想像美麗的靛光就像柔軟的圍巾圍住你的甲狀腺，修復它。讓靛光喚醒你的能量、活力和對生命的渴望。

把兩根食指放在甲狀腺上，也就是靠近鎖骨的氣管兩側。以畫圓的方式按摩甲狀腺，上上下下在喉嚨處來回移動。進行一到兩分鐘。

說：「神聖療癒智慧，我歡迎活力、平衡、勇氣與平靜來到我的生命中。謝謝你。」

說：「神聖療癒智慧，請治療並再生我的甲狀腺以及所有相關的腺體，讓它們達到最大程度的健康與活力。」

- 搭配練習的不健康情緒（第294頁）：壓力323；擔憂326；愧疚309
- 搭配練習的健康情緒（第327頁）：寬恕331；平靜337；透徹327；喜悅335
- 搭配練習的顏色（第346頁）：橘353；綠349；靛351

腳趾

可能成因

評斷、拒絕、無歸屬感；覺得失落，對自己感到不確定；想蜷曲身子躲起來；緊抓太多壓力和緊綳不放。

右腳

拇趾——人生方向混亂；問自己：「我要去哪裡？」感覺困頓、害怕前進，拖著過去那些有關人生、金錢和安全感的過時觀念；無法清楚表達自我；在生理層次上：喉嚨、甲狀腺、頸部、下顎、牙齒、牙齦和舌頭方面的問題。

第二趾——擔憂、自卑和不安全感；難以融入一個群體或理念；評斷自己與他人；謹慎小心；覺得位居次位，不知道該相信誰或聽誰的話；在生理層次上：肺部、心臟、乳房、胸腺和肩膀方面的問題。

第三趾——對某個局面感到不透澈；難以看見未來，特別是跟工作或經濟狀況有關的；不切實際的期盼，感覺自己很失敗或無法勇敢站出來；在生理層次上：肝臟、膽囊、胰臟和胃方面的問題。

第四趾——感覺疲累、困惑、焦慮、憂鬱，就像一個小朋友，想逃離人生；太多你無法掌控的事件和情況；想要放棄逃跑，卻又無處可逃；在生理層次上：消化、膀胱、脾臟方面的問題、下背疼痛。

小趾——壓抑自己凶巴巴的一面；相信人生就是不停掙扎，所以必須辛苦一點；覺得不值得擁有人生的美好事物，感覺被忽視和拋棄；缺乏自我價值感；在生理層次上：神經系統、尿道、直腸、循環系統、皮膚或生殖系統方面的問題，如頭痛、慢性下背疼痛、坐骨神經痛、憂鬱、性功能障礙。

左腳

拇趾——對於做選擇這件事感到招架不住與困惑，就好像你認為的對錯之間有著模糊的界線；感覺責任太多；緊抓緊繃、壓力和擔憂不放；不知道該向誰傾訴、該如何表達自我；在生理層次上：喉嚨、甲狀腺、嘴巴、食道、下顎、耳朵、舌頭、牙齒和牙齦方面的問題。

第二趾——人和人的動機使你困惑；不確定自己需要往哪個方向走；害怕發起改變；難以與他人親密；緊抓未解的悲痛和心碎不放；持續不斷的自我陷害；在生理層次上：心臟、肺部、乳房、手臂、肩膀和胸腺方面的問題。

第三趾——感覺壓抑、羞恥、憤怒、價值感低、限制和選擇匱乏；太過專注於過去的懊悔上，覺得自己當時可以做出不同的選擇；難以原諒，把問題擱在一旁，導致自己無法成長前進；思考、分析太多，沒有做出適當的行動；在生理層次上：胃、肝臟、胰臟、膽囊和脾臟方面的問題。

第四趾——感覺失控、被誤解；緊抓受害者情結不放，認為「為什麼這件事會發生在我身上？」看不見脫離某個處境的途徑；認為自己有問題；感覺被拒絕、愧疚、沒有設定底線；在生理層次上：下背、脾臟、大小腸、生殖系統方面的問題。

小趾——感覺不被賞識、被忽視；自我批判；感覺自己就像個無法取悅生氣的父母的孩子；相信自己永遠做不了對的事情；覺得害怕、被威脅和背叛；心想：「這有什麼意義？不如放棄好了。」在生理層次上：肛門、腸道、大腸、腿部、免疫系統和下背方面的問題。

療法

要釋放每一根腳趾的負面或厚重能量，請先閉上眼睛，想像面前有一團火。使用手指輕輕拉出你正在專注的那根腳趾的任何厚重問題，把負面能量（看起來可能像灰煙、枷鎖或雜草）放進火裡。接著，你可以使用對應那根腳趾的顏色來再生能量的流動。

要注入並加強正面能量，請輕輕按摩或握住每一根腳趾，心中想著要增強那種感受。接著，透過心之眼將腳趾沐浴在對應的顏色之中。允許自己確實感受你正在注入的正面情緒。

- 拇趾（喉輪）——藍
- 第二趾（心輪）——綠
- 第三趾（太陽輪）——黃
- 第四趾（臍輪）——橘
- 小趾（海底輪）——紅

說：「神聖療癒智慧，請治療並再生我的腳趾，讓它們達到最大程度的健康與活力。」

- 搭配練習的不健康情緒（第294頁）：跟你治療的腳趾有關的負面情緒
- 搭配練習的健康情緒（第327頁）：跟你治療的腳趾有關的正面情緒
- 搭配練習的顏色（第346頁）：跟脈輪有關的顏色或者你當下感覺最適合的顏色

舌頭

可能成因

因害怕被評斷而沒有說出你想說的話；太喜歡八卦或批判他人；對自己的所想、所知、所感感到不自在；需要做出改變，卻欺騙自己，假裝一切都很好；覺得壓抑、被拋棄或放逐；難以為自己和自己的信念挺身而出。

療法

張開嘴、伸出舌頭，慢慢沿著嘴唇繞一圈。順時鐘做五次，接著逆時鐘做五次。專注在舌頭刺刺癢癢的感覺上。舌頭想要療癒、運作良好，就必須要有彈性。

留意你想說卻沒有說的話以及你想對誰說那些話。寫下來。接著，大聲唸出來。留意你說這些話時舌頭有什麼感受。

說：「神聖療癒智慧，我請求你化解我舌頭的一切恐懼、評斷、被拋棄、批判和壓抑的感受，還有造成這個狀況的所有觀點、模式以及正面與負面的激情。」反覆說「清空」一詞，直到你感覺有變化發生。

為了再生舌頭、強化全身系統，請把舌頭吐出來，用毛巾或手帕包住，接著輕輕用手拉一拉舌頭。往右、往左拉，往上、往下拉。花四十五秒到一分鐘的時間做這個練習。

說：「神聖療癒智慧，請幫助我找到我的聲音，讓我大聲說出自己所相信的，將尊重我和我的想法的人帶來我身邊。謝謝你。」

一天當中，時時留意舌頭的位置，專心放鬆它。這樣感覺如何？舌頭完全放鬆時，你還有辦法生氣嗎？

說：「神聖療癒智慧，請治療並再生我的舌頭，讓它達到最大程度的彈性、活力與健康。」

- 搭配練習的不健康情緒（第294頁）：壓力323；批判298；評斷315
- 搭配練習的健康情緒（第327頁）：彈性與活動331；寬恕331；平靜337
- 搭配練習的顏色（第346頁）：橘353；紅356；白359

扁桃腺

可能成因

需要取悅他人，讓別人喜歡自己；感覺別人在生氣或評斷你，於是為了他們大費周章想討好他們；阻礙表達和創意的流動；害怕表達感受所會造成的後果。

療法

說：「神聖療癒智慧，我請求你釋放我扁桃腺的一切恐懼、取悅他人的需求、難以表達自我以及創意遭到阻礙的狀況，還有造成這個狀況的所有觀點、模式以及正面與負面的激情。」反覆說「清空」一詞，直到你感覺有變化發生。

說：「神聖療癒智慧，請注入自信、創意、自我表達和自愛的感受。謝謝你。」

說：「神聖療癒智慧，請治療並再生我的扁桃腺，讓它們達到最大程度的健康與活力。」

參見喉嚨（第199頁）。

- 搭配練習的不健康情緒（第294頁）：憤怒294；批判298；評斷315
- 搭配練習的健康情緒（第327頁）：寬恕331；透澈327；自信329
- 搭配練習的顏色（第346頁）：橘353；藍347

子宮

可能成因

貶損自己的陰性特性；緊抓過去的傷害與拒絕、母親方面的問題不放；感覺枯竭、不踏實、不被支持、被忽視、失衡；過度擔心他人的問題；缺乏對自己的賞識和照顧；不斷需要他人認同。

療法

你可以做什麼來開始賞識自己？你需要做出什麼決定，讓人生變得更快樂平衡？

閉上眼睛，傾聽你的子宮。如果可以看見它，它看起來是健康、清澈的嗎？如果看起來厚重不健康，請想像你把所有的厚重、疾病和混亂吸出來。

說：「神聖療癒智慧，我請求你化解我子宮的傷害、拒絕、不平等和不被認同的感受，還有造成這個狀況的所有觀點、模式以及正面與負面的激情。」反覆說「清空」一詞，直到你感覺有變化發生。

想像你把一顆健康的橘色光球放進子宮內，看著它一邊旋轉、一邊清除任何殘餘的厚重，再生、治療你的子宮。

如果你想要有小孩，就把手放在子宮上，請它創造最適合孕育孩子的環境。傳送柔軟與愛的能量到你的子宮。想像有一個寶寶在你體內快樂地成長。

如果你無法生育，把手放在腹部上，專心地把氣息帶到那個部位。跟你的生殖系統說，你原諒它無法支持你的夢想。接著，想像柔和的黃光包圍你的子宮，使之獲得療癒。

說：「神聖療癒智慧，請幫助我成為一個更有動態、精力和平衡的人，幫助我愛並榮耀自己和自己的陰性特質。謝謝你。」

說：「神聖療癒智慧，請治療並再生我的子宮以及所有相關的器官，讓它們達到最大程度的健康與活力。」

- 搭配練習的不健康情緒（第294頁）：拒絕318；評斷315；愧疚309；悲傷307
- 搭配練習的健康情緒（第327頁）：認可338；尊重339；同情328；寬恕331
- 搭配練習的顏色（第346頁）：黃360；橘353；粉紅354

陰道

可能成因

與陰性能量失去連結；對男性，特別是伴侶感到憤怒；緊抓過去的羞恥和侮辱的感受不放；覺得自己沒有魅力、不配被愛、不夠好、被伴侶拒絕或傷害；過度勞累，為他人付出太多、太過關愛他人，留給自己的時間太少；不允許自己感覺歡愉；害怕親密和受傷；排斥自己；挫折，希望一切有所不同；只有金錢方面的動機做出的行為帶來了負面後果；受害者心理：「我好可憐。他們為什麼這樣對我？我是無辜的受害者。」

療法

你是否享受自己的感官？你是否與自己的陰性能量有所連結？你是否允許自己有時間做喜歡的事情，如看書、跟朋友出去、做頭髮、給人按摩？你是否享受性愛，還是你背負著羞恥和愧疚感，覺得自己的陰道很髒？

留意你的陰道和生殖系統具有多麼奇妙的功用；欣賞生殖系統和你自己有助於療癒這些部位。列出所有成為女性讓你欣賞的事物以及那些讓你感覺更加陰柔、可以好好享受感官的方法。

想像所有的羞恥、愧疚、憤怒和骯髒的感受如一圈圈黑煙般從陰道和生殖系統釋放出來。說：「神聖療癒智慧，我請求你化解我陰道的一切對男性的憤怒、羞恥、愧疚、拒絕、對歡愉的排斥、挫折、傷害與侮辱，還有造成這個狀況的所有觀點、模式以及正面與負面的激情。」反覆說「清空」一詞，直到你感覺有變化發生。

想像生殖系統充斥美麗的粉紅和洋紅色，看著這些顏色再生你的陰道和生殖系統，給你一次體內的淨化按摩。可以穿著粉紅或洋紅色的內衣褲。

說：「神聖療癒智慧，請幫助我感覺跟自己的陰性特質更有連結，讓我為自己挪出時間、欣賞自己、好好休息。讓我原諒那些傷害過我的人，帶回興奮、歡愉和性慾的能量。謝謝你。」

如果你有探索的開放精神，可以脫掉內褲，站在鏡子前面（或是找一面小鏡子），看看你的陰道。告訴它你有多欣賞它，並對它微笑。專心使它放鬆，把氣息帶到那裡。你甚至可以觸摸陰道不同的地方，留意你的感受。給自己一個機會親密地認識自我，對自己的感官感到自在。

說：「神聖療癒智慧，請治療並再生我的陰道和生殖系統，讓它們達到最大程度的健康與活力。」

• 搭配練習的不健康情緒（第294頁）：憤怒294；批判298；評斷315；羞恥322；拒絕318；招架不住304
• 搭配練習的健康情緒（第327頁）：同情328；認可338；支持340；愛336
• 搭配練習的顏色（第346頁）：橘353；綠349；洋紅352；粉紅354

靜脈

可能成因

感覺失去愛與力量之源；困頓、阻塞；停止生命的掙扎；難以接收歡愉和喜悅；無法放下過去、過時的信念；緊抓愧疚、拒絕和侮辱的感覺不放；害怕未來。

療法

想想你的人生所發生的事，問自己：

我在人生的哪個層面感覺困頓？
什麼樣的想法、經歷和模式不斷重複上演？

說：「神聖療癒智慧，我請求你化解我靜脈的一切力量被剝奪的感受、愧疚、侮辱、責怪、恐懼和拒絕，還有造成這個狀況的所有觀點、模式以及正面與負面的激情。」反覆說「清空」一詞，直到你感覺有變化發生。

為了在體內創造健康的能量流動，你必須先在生活中創造健康的能量流動。留意你必須做出的改變，把它們列出來。每天專注在這份清單上，並至少有一項改變，然後加以慶賀。

做出這項改變後，閉上眼睛，想像美麗的靛光流經體內所有的靜脈，化解能量被困住的部位。接著，專注在你要邁向的目標上，想像自己實現了這些目標。

說：「神聖療癒智慧，請幫助我重新連結愛、健康與快樂的泉源，讓我充滿自信地邁向夢想的未來。謝謝你。」

說：「神聖療癒智慧，請治療並再生我的靜脈，讓它們達到最大程度的健康與活力。」

- 搭配練習的不健康情緒（第294頁）：憤怒294；批判298；評斷315

- 搭配練習的健康情緒（第327頁）：愛336；喜悅335；成功341；自由332
- 搭配練習的顏色（第346頁）：靛351；紅356；藍347

手腕

可能成因

覺得被綁住、困頓、做過頭；難以改變主意或看見其他觀點，難以放下將你束縛的痛苦、壓力和恐懼；想要自己永遠是對的、想要有掌控力。

療法

如果你有戴手錶或手鐲，這幾天先不要戴，讓手腕放鬆。

專注在你的手腕上。它們感覺起來是自由還是被困？把所有的困頓從手腕甩出。甩動三十秒，休息三十秒。重複這個過程 5 次。

閉上眼睛，傾聽你的手腕。你的手腕是否戴著枷鎖或手銬？這些枷鎖連接了什麼？你的工作、家庭、朋友，還是其他事物？

說：「神聖療癒智慧，我請求你化解我手腕的一切枷鎖、困頓、壓力、恐懼、自認正義和控制，還有造成這個狀況的所有觀點、模式以及正面與負面的激情。」反覆說「清空」一詞，直到你感覺有變化發生。

想像你的手腕脫離所有的枷鎖或手銬。接著，完全放鬆手腕，想像你把它們沐浴在美麗溫暖的黃色液體中。讓你的手腕變得更強壯。

說：「神聖療癒智慧，請幫助我脫離所有束縛我的能量，讓我能夠放鬆，變得更平靜、有彈性、寬容。謝謝你。」

說：「神聖療癒智慧，請治療並再生我的手腕，讓它們達到最大程度的力量、彈性與健康。」

- 搭配練習的不健康情緒（第 294 頁）：壓力 323；恐懼 303；控制 296
- 搭配練習的健康情緒（第 327 頁）：彈性與活動 331；放鬆 338；自由 332
- 搭配練習的顏色（第 346 頁）：黃 360；粉紅 354；綠 349

Chapter2

生理病痛的祕密語言

The secret language of physical ailments

在這個章節，你會了解造成身體某個問題或疾病的情感、心理和能量障礙。疾病或失調會以想法、感覺或能量為糧食，持續在生理層面使身體衰退。當你明白那些障礙和限制是什麼之後，就可以開始釋放它們。

在接下來這份按照筆劃排序的病痛清單裡，我列出了我在治療生涯期間發現跟每一種病痛最常出現關聯的情緒。記住，請把這個章節的資訊當作一個指導方針就好。我列出了這些情緒的例子，但是並非所有的厚重或具毀滅性的感覺或想法都讓你感同身受。閱讀這些資訊時，請傾聽自己的身體，留意你對該病症的哪些層面或哪些相關情緒最有同感，那些最適用於你的處境。

常常，光是找出造成問題的想法、情感和態度，就能啟動療癒過程。因為，當你察覺到一個問題的根源，你就有了選擇。選擇給你思考人生的機會，讓你去留意什麼事情帶來了不好的結果，進而做出改變。療癒涵蓋了存在的每個層面，包括生理健康和體格、情感健康、心理態度、能量福祉和靈性力量。要明白，身體不是你的敵人，而是幫助你充分認識自己的信使。

接下來的章節會為你需要面對、處理的問題提供深入的見解，以幫助療癒。療癒一定需要轉變。想要療癒，你必須改變自己的想法、感覺和行為，把對你不好的改掉，換成對你好的。你必須把身體正在經歷的問題，看作是你在人生中面對的挑戰的化身。

我的客戶薩爾達因為有心臟方面的毛病，所以來找我，想找出疼痛的主因。我們檢視了薩爾達當下的生活，結果她開始看出一些反覆出現的模式。薩爾達緊抓著過去深埋的痛苦不放，老是對工作感到壓力重重，並常常在擔心生命裡的一些人。她獨居，感覺孤單寂寞。此外，她也對自己犯的任何小錯極為批判。

薩爾達真正察覺到她對自己做了什麼、而這又如何導致她出現心臟病之後，便開始原諒過去曾傷害她的人，放下深埋的痛苦。薩爾達發現她的工作給她帶來很多不快樂，於是她便辭職了。她也開始與人社交、放鬆，做一些使心胸開放的創意活動。她不再對自己如此嚴苛，開始運用幽默和大笑，而非痛罵自己一頓。神奇的是，醫生說治不好的心臟毛病竟然治好了。

露絲也是一樣。雖然她不能親自來找我（她住在另一個城市），但我們決定安排進行遠距療癒。我得知露絲的腦垂體長了腫瘤，導致高濃度的促乳素進入她的血液。在生理層次上，露絲出現了嚴重的頭痛和視力問題。雖然醫生建議她開始吃重藥，但她決定嘗試自然療法。

我向露絲分享腫瘤生成的原因，她很訝異我怎能如此準確地描述她的人生。我推薦她做這本書的一些練習。大約六個月後，我收到她的信。她在信中告訴我練習的成果使她非常興奮，說她進行療癒練習不過幾天，頭就感覺清澈許多，也不再頭痛了。

露絲也去看了醫生，進行每年固定的檢查。醫生驚訝地發現，她血液裡的促乳素已經降到幾近正常，而他無法解釋這個現象。露絲覺得她大大證實了自己確實具有自我療癒的能力。

我曾前往許多國家傳授我的療法，並從世界各地獲得許多回饋。一位來自巴基斯坦的醫護人員寫信給我，說他把這本書裡的一些療法傳授給二十名患有高血壓或糖尿病的患者。三週內，所有的患者都說身體不再出現疼痛，他們也不再感到疲累，而是精力充沛。他們不再覺得口渴或需要頻繁上廁所。在這些受到療法幫助的人之中，有九位曾仰賴胰島素，但是現在不再需要了。

我最大的希望就是書中的資訊和練習可以幫你變得非常健康，而你也能跟認識的每個人分享這份功德——因為，這其實是「我們所有人的功德」。身體是你的老師，讓你有機會學習成長。學會這些知識後，身體自然會癒合，因為你再也不需要緊抓著那些痛苦不放。

病痛清單

- ADD／ADHD——參見注意力缺陷過動症。
- AIDS——參見後天免疫不全症候群。
- A型肝炎——受他人影響；愛評斷；希望事情照著你的想法；叛逆；悲傷、焦慮、挫折、憤怒；覺得目前的處境令你難以忍受；感覺同樣的狀況一而再、再而三地發生；經常陷害自己的進展。

• B型肝炎——感覺無力、與自我失去連結、對世界感到憤怒；感覺困頓，無法進展或進化到另一個層次；拒絕聽從他人，試圖把他們阻擋在外；感覺對人生失望幻滅；麻木自己的情感。

• C型肝炎——自我批判、固執；希望事情照著你的想法；容易不悅生氣；總是在挑別人的毛病；害怕，想找個人責怪；覺得愧疚、羞恥。

• D型肝炎——感覺困在過去；因不知道如何改變自己的處境而感到憤怒；想要成為不同的人，戴著面具；自我憎惡；害怕改變或轉變；戒備；自我中心；表現得像受害者；尋求關注和救贖。

• EB病毒——過度敏感、覺得不夠好、缺乏自信、不停改變主意；背負大量壓力的能量；對親近的人凶巴巴，難以克制；對自己無法堅守同一件事感到愧疚；跟真正的自己失去連結；專注於他人的夢想，而非自己的。

• IBS——參見腸躁症（第270頁）。

• PMS——參見經前症候群（第268頁）。

• PTSD——參見創傷後壓力症候群（第261頁）。

- RLS——參見不寧腿症候群（第228頁）。
- RSI——參見重複性勞損（第249頁）。
- UTI——參見泌尿道感染（第243頁）。

二畫

- 十二指腸方面的問題——難以放下過時的思考、生活和溝通方式；太多事物同時發生，使你不知如何應付，想要推開一切；害怕未來可能帶來的東西。

三畫

- 下顎方面的問題——緊抓緊綳、壓力和壓抑不放；難以傳達你的感受；感覺被評斷、批判、恐懼；無法為自己挺身而出，要求想要的東西；愧疚、羞恥、找碴；感覺被困住。
- 口吃——感覺不安全、無法勝任、自覺感強、受限、被囚禁；難以與他人溝通；有所保留，不說出自己的感受；壓抑你的創造力；深信他人對你和你的能力所做的批判和充滿侷限的想法。

- **口臭**——感覺憤怒；想要遠離他人；感覺不被接受、被拒絕、不自在；難以融入。
- **口腔潰瘍（非口潰瘍類型）**——感覺困頓；依附著毀滅性的信念和觀點；不接受新觀念；心想：「人生很不公平。」壓抑憤怒的感覺，然後爆發。
- **口潰瘍**——不安全感；總是懷疑自己、不相信自己的能力；有所保留、不說出口；讓機會溜走；感覺懊悔、挫折。
- **子宮內膜異位**——感覺無法勝任、難以接受；排斥自己的陰性特質；感覺枯竭、不被支持、不踏實；緊抓他人的拒絕帶給你的感受不放，特別是男性；貶低自己的價值，沒有尊重自己；不讓自己獲得愛與賞識。
- **子宮頸癌**——生命不流暢；抗拒你的陰性特質；覺得身為女人不受到尊重；覺得沒有人要、缺乏情感的流露、性愛方面出現衝突；因感情少了承諾或關注而感覺挫折；感覺被忽視、不重要、沒有用、空虛、被欺騙。參見癌症。
- **子癇（懷孕期間出現癲癇、抽搐）**——覺得受到侷限、監禁、困頓；不確定如何面對未來；害怕承擔額外的責任；感覺不安定、不安全、焦慮、被威脅；害怕當不了一個好媽媽、沒有能力撫養寶寶；對於失去自由和自我覺得感冒；對未來感到無力。

四畫

‧不孕——子宮四周的能量太冷;感覺被拒絕、拋棄、無法勝任;壓抑痛苦、空虛、懊悔、悲傷、失去、掙扎和不滿;覺得自己好像錯過了人生。

‧不寧腿症候群（RLS）——不自在、不悅、不耐、不安寧;習慣抗拒進展，直到自己再也受不了，不得不前進;拖延;想要做某件事，卻經常找理由不去做;對於事情沒有如你所想的快點發生而感到挫折，然後決定放棄。

‧中風——感覺沒用、絕望、無法勝任;招架不了的壓力;無法處理身處的情勢;放棄;感覺自己很失敗;封閉;拒絕改變，無法明白為什麼你做的事沒有用。

‧中暑——不知道何時該停止;不斷推向可能事物的界線和限制;認為一般規則不適用於自己;叛逆;忽略自我。

‧內斜眼（眼珠向內側傾斜）——相信你所看見的事物是被禁止的;愧疚;害怕做了某件不好或不對的事情而受到懲罰;感覺危險逼近;認為有人想要抓你;總是充滿壓力、戒備;覺得自己在他人眼中不夠好;試圖把他人推出視線外。

‧心絞痛——壓力、挫折、害怕未來;難以表露情感，特別是愛;覺得跟人生隔離、憤怒、愛評斷;感覺人生不公平。

- **心臟阻塞**——阻擋愛；感覺被拒絕、遭受不好的對待、無法勝任、被背叛、很失敗；難以接受愛和情感的表露；失去希望、深埋的痛苦、壓力、擔憂；裝出一副不在乎的態度；相信自己的人生不值得美好的事物；感覺與他人隔離、斷線、寂寞、孤立；對自己和他人嚴苛；滿腦子都是工作。
- **心臟病發**——固執、壓力、沒有彈性、糟糕的態度、「不聽我的就滾開」的心態；自私、無知、控制慾強；太過專注於金錢、成就和輸贏；忽略自己的健康與家庭；壓抑、嫉妒、刻苦；需要自己是對的；感覺不被愛、容易受傷、緊抓愧疚和懊悔不放；認為自己什麼都知道，不需要任何人的幫助或建議。
- **手術（恢復緩慢）**——感覺無助、愧疚、挫折、不被支持；需要更多愛與關注；不尊重自己的身體或給它充分的休息；感覺困頓、嚴苛；不信任身體知道如何治癒自己。
- **支氣管炎**——感到太多壓力；家庭的衝突和憤怒使你對親近的人感到不悅；因為自己無法解決或控制的事情責怪他人；需要自己的時間；感覺缺乏賞識和愛；把別人推開。
- **水疱**——把自己逼到極限；沒有傾聽或榮耀自己的身體；太沉浸在外界的壓力和擔憂之中。
- **水痘**——感覺不悅、不被賞識、不被注意；需要愛與關注以及休息的時間；感覺不安、焦躁，好像自己無法融入；經歷失望，感覺他人令你失望。

•水腫——緊抓過去的傷害不放；試圖控制、壓抑過盛的情感；逃避挑戰，而非正視之；焦慮、壓抑的憤怒、拖延、脆弱、缺乏自信；躊躇不前。

•牙關緊閉——感覺緊繃、被玷汙、困頓、抗拒；無法照顧自己或處理事情；想要身在他方；緊繃、擔憂、壓力；覺得被困住，彷彿別無選擇。

•牙齦炎——感覺不悅、被擾動、不踏實、脆弱、容易受傷；背負憤怒、羞恥、墮落感；人生態度糟糕透頂；拖延；總是覺得自己的時間不夠。

•牙齦流血——對自己感到不確定；難以向他人求助；感覺不被支持；想要昨日之事；拒絕改變；極度要求自己和他人；忽略你的身體。

五畫

•丘疹（偶發）——挫折和憤怒的爆發；沒有得到想要的東西；感覺不被接受、無法勝任；不喜歡自己；感覺被激怒、不悅、被嘲諷；自己的身體使你不自在。參見粉刺。

•代謝疾病——難以同化資訊；不知道如何準確識人；難以信任；忽略自己的天生本性；緊抓過去的傷害不放；容易受他人影響；可能懷抱背叛和失望的感受。

- **外斜眼（眼珠向外側傾斜）**——對周遭環境發生的事感到枯燥、沒有興趣；放空、招架不住；需要傾聽內在並發掘自己獨特的能力；抗拒別人告訴你的話；過度疲累、挫折、被逼迫、緊繃。
- **失去嗅覺**——忽視直覺；感覺困頓；被有害的人和能量圍繞；缺乏創意和隨興；在他人面前過於控制自己；完美主義。
- **失眠（長期）**——無法放鬆；感覺不安全，無法放下；擔憂，不斷在腦海重播一些事、剖析情況；感覺散亂、恐懼、焦慮、戒備；懷著愧疚和埋怨的感覺。
- **失智症**——參見阿茲海默症（第245頁）。
- **失禁**——失控的感覺；需要釋放的情感累積；感覺焦慮、怯懦、招架不住；懷疑自我；驅不走的愧疚感；緊抓負面能量和掙扎不放所造成的壓力。
- **失憶**——感覺不值得、充滿壓力、太專注在負面能量；困在生活的問題之中；感覺你的需要不重要；迷惘、失落、害怕未來；心想：「如果不記得，就不用應付。」
- **失衡**——覺得不穩；難以找到自己的方向；感覺被拉往不同的方向，造成困惑和散亂的思維。
- **失聲**——感覺無力、絕望、困頓；把自己逼到能力極限；拒絕傾聽內在的指引、拒絕將感受傳達給他人；感覺失去了聲音、力量；困惑；對自己的情緒感到衝突。參見喉炎（第264頁）。

- **打呼**——不想放下過時的思考或做事方式；需要控制；感覺自己無法表達需要說的話；害怕改變。
- **打嗝（膈肌痙攣）（不斷發生時）**——難以對親近的人表達自己的真實感受；對做決定感到困惑；在很渴望取悅他人跟需要叛逆、做自己的事之間搖擺不定。
- **生長**——壓抑、困頓的情感、欲哭無淚；推開問題，而不是去處理它；藏起、掩蓋、埋葬過去的夢想；感覺未實現、不滿足、失望；背負愧疚和怨念；緊抓過去的失敗不放。
- **生殖系統方面的問題**——感覺不值得被愛；對自己和自己的能力缺乏信心；阻礙自己的創意表達；背負有關孩子、童年、家庭生活和過去親密關係的悲痛；難以接受自己；批判、評斷自己。
- **生殖器疱疹**——攻擊自己；感覺被拒絕、拋棄、不值、不被愛；在性愛方面背負巨大的愧疚感；對自己受到的對待感到憤怒；相信自己是有罪的或需要被懲罰；覺得骯髒、羞恥、被侮、丟臉、被侵犯。
- **甲狀腺功能低下**——「懶得去做」的態度；思緒不清、疲累；背負太多負擔；感覺疲憊、情緒不穩、筋疲力盡；難以溝通；退到一旁，讓別人做重大的決定；有所保留；一切感覺都要付出很大的努力。
- **甲狀腺腫**——害怕說出自己真正的感受以過著自己真正想過的人生；總是在躲躲藏藏、想要取悅他人，特別是家人；害怕因自己的選擇而被欺侮、批判或拒絕；隔絕自己的創造和實現能力；覺得應該乖乖接受現實，不去要求自己真正想要的東西。

• **甲狀腺機能亢進**——總是在趕，盡可能在一天之內塞越多事情越好；無法組織安排；處在達到成就的壓力之下；時間永遠不夠；覺得如果沒把事情做完，天就會塌下來；總是因為沒有做更多而感到愧疚；總是隨時在他人身邊，卻沒留意自己的需求。

• **白內障**——什麼都不清楚，未來一片模糊；覺得沒有什麼希望改變，彷彿你的存在注定灰暗；人生使你充滿負擔；失去信念。

• **白血病**——缺乏喜悅、抗拒人生、自我陷害、筋疲力盡、疲倦；背負古老的恐懼；覺得人生太難，充滿掙扎；想要放棄或救贖；失去力量、忽視自我和感受；聽了太多批判，深信負面、恐懼和埋怨；感覺生命裡不應得到美好的事物。參見癌症（第279頁）。

• **白髮**——極度的壓力和焦慮；持續不斷的擔心和憂慮；專注在老年和退化上；心想：「接下來就是一路走下坡了。」不穩、震驚、抗拒。參見禿頭、掉髮。

• **皮疹**——過度敏感、不安全感、害怕；自我加諸的限制使你不悅或對你沒幫助；小規模的暴怒在皮膚上爆破；某人或某事使你感到威脅；再也無法壓抑的情緒。

• **皮膚油膩**——失去跟自己的和諧；想要做得比正在做的多；總是很趕、被逼迫、要讓事情發生；自己的身體使你不自在，卻試圖藏起這種感覺；努力融入，讓自己被喜歡。

• **皮膚炎**——不悅、不滿、挫折；感覺體內的怒氣就要穿破皮膚；不斷批判、評斷自我與他人；對自己的身體感到不自在，對自己感到不確定；對自己產生負面、令人心情低落的想法和感受。

• **皮膚乾燥**——感覺被誤解；不確定如何表達自己，讓他人對自己的點子感興趣；失去啟發和活力；感覺被冷落、排擠。

• **皮膚癌**——參見黑色素瘤（第266頁）。

六畫

• **先天缺陷**——業障使你來到這個人生學習謙卑與愛；在子宮時就背負著跟父母有關的強大壓力和焦慮。

• **多發性硬化症**——把他人和承諾放在前面；把自己逼得太緊；工作過度；覺得不夠好；緊抓某個侷限的觀點不放；拒絕、忽視、自我陷害；感覺跟自我和他人失去連結；筋疲力盡、擔憂、羞恥、愧疚。

• **成癮**——向外尋找可以把痛苦、壓力或焦慮帶走的東西；害怕自己內心深處不是個好人；

逃離問題；難以愛或是接受自己。

- **早產**——忽視自己的需求；工作過頭；在主要的關係中經歷過多的壓力、暴力、欺侮或創傷；感覺招架不住；酗酒或嗑藥；也有可能是不悅、陰道感染或恐懼造成的結果；寶寶方面：沒耐性、不舒服、危險的感覺、需要出來。
- **死亡（的恐懼）**——依戀自己的身體和物質生命；還沒有準備好以靈的形式進入下一個階段；缺乏信任、信念；覺得人生不完整。
- **死亡及屍體恐懼症**——心想：「如果避開屍體，或許我就能逃離死亡。」害怕並推開死亡代表空無的想法；可能是看見某人死亡或罹患致命疾病又或者聽見關於死亡的創傷故事所造成的結果。
- **百日咳**——推開他人；感覺你需要自己的空間和距離；感覺全然招架不住、害怕、充滿壓力；深沉的內在憤怒；經歷無力感；缺少表達自我的自由；感覺被誤解、視為理所當然、批判、利用。
- **耳痛**——感到被評斷與評斷他人；沒有傾聽自己的洞見和智慧；不想聽見他人說的，試圖忽略他人的話；感覺他人想控制你；責怪、挫折、憤怒、誤解、爭論；拒絕改變你的決定或觀點；覺得被忽略、不被注意、充滿埋怨、不穩定。參見耳聾。
- **耳鳴**——生命中有太多事發生，因此關閉聽覺；不信任自己的內在指引；固執。
- **耳聾**——不喜歡聽到的東西；負面能量使你招架不住；閉上耳朵；總是說或想：「我不想

聽。」感覺被拒絕、拒絕他人；感覺像受害者；覺得自己所說或傳達的東西不重要，別人不想聽你說；固執、沒有彈性或控制慾強。參見耳痛（第235頁）。

• **肌肉失養症**——日漸消瘦；允許恐懼、悲痛和悲傷吞噬自己；感覺失落、絕望；承擔他人的問題，然後讓這些問題困擾你；背負重重壓著你的責任；感覺自己不重要。

• **自閉症**——感覺被囚禁在一個充滿限制的世界，自己對他人的依賴使你感到挫折；被排斥、小看的感覺；渴望高升以展現自己的創意和天才；害怕被嘲笑、逐出或侮辱；不知道如何連結自己的直覺。

• **色盲**——阻擋、改變、拒絕看見為你帶來恐懼和壓力的色彩，通常跟兒時受過的驚嚇或創傷及後來產生關聯的特定顏色有關。參見眼盲（第259頁）。

• **血友病**——受家庭影響，深信痛苦和掙扎；脆弱、恐懼、謹慎、疲倦；排斥陽性的一面；內在痛苦、衰退。

• **血栓**——困頓；不讓自己聽從自己的心；抗拒人生，逼迫、限制、拖延；跟內在智慧失去連結；抑制憤怒和怨念；感覺受到威脅；專注在困難、掙扎和挑戰上。

• **血塊**——阻擋創意和能量流動，抗拒人生；太專注於侷限；缺乏對自我的信念；內在混亂、深沉失望、懊悔。

• **血壓**——參見高血壓（第255頁）、低血壓（第237頁）。

七畫

• **低血糖症**——參見第一型（第259頁）和第二型糖尿病（第260頁）。

• **低血壓**——感覺軟弱、沒有啟發、疲累；覺得受夠了；想要放棄；允許他人掌控大局、替自己作主；忽略自我；受害者情結。

• **作夢**——夢境源自遭到抑制的想法、點子和經歷，讓你能夠得到關於未解課題的一些洞見、展望、想法、新觀點和解決方式；通常帶有預兆、解決問題的途徑、創意、釋放的效果。

• **佝僂病**——感覺不滿足、受限；缺乏適當的照養和支持；渴求關注、支持與幫助；軟弱；無法照顧好自己。

• **克隆氏病**——負面的心態和批判，不斷自虐；傾向以陰沉或憤世嫉俗的觀點看待人生；試圖壓抑令你不舒服的感覺，而不允許自己去感受；總是隱藏自己的敏感，假裝很有自信、對他人的評論無動於衷，但是心裡其實很不舒服；傾向責怪他人，感覺自己像受害者。

• **免疫系統（虛弱）**——不安全感、內在衝突、忽略自我、壓力；感覺備受壓力、威脅、操控；卸下心防；允許他人佔自己便宜；太專注於外在世界；強迫而非允許事情自然發生。

• **冷凍肩**——壓抑情感；經歷太多緊繃、壓力和擔憂；「麻木」困難，不處理它；感覺困頓，想要控制，而不允許一切自然發生；害怕未來；想要放棄；覺得自己很失敗；被各種問題所吞沒；不確定怎麼治癒痛苦和悲傷；象徵冷凍的淚水。

• **卵巢癌**——認為女性就是軟弱不值；不安全感；暴力倖存者；破裂的關係；深植的悲痛、恐懼和憤怒在啃食你的身體；未解的羞恥和侮辱；感覺失控、被攻擊或自己在攻擊自己；不承認自己的陰性能量；擔憂，為自己以外的每個人做事情；害怕自己無法生存。參見癌症。

• **卵巢囊腫**——緊抓男性過去帶給你的傷害以及過去在心理、情感和生理上受到的欺侮對待不放；覺得自己不夠好；排斥自己的陰性特質；生育方面的問題，例如想要有孩子或更多小孩卻做不到；隱藏自己的悲傷和失望；感覺寂寞、不被愛；跟母親、姊妹、親近的女性親戚或朋友起了衝突。參見囊腫（第284頁）。

• **坐骨神經痛**——感覺困在過去；擔心生存問題；金錢方面的問題；童年未解的無法勝任之感；排斥自己，給自己加諸太多限制；總是在找藉口告訴自己為什麼做不到某件事，而不專心思考該怎麼做到；深深害怕自己如果誠實，就不會被喜歡或接受，也會無法生存；太多責任使你感到負擔，也阻礙了你的創造力。

• **妊娠紋**——感覺被綳到極限；不知道怎麼應付未來；自己的身體使你不自在；嚴厲評斷自己和自己的身體；抗拒改變。

• **妥瑞氏症**——感覺失控、壓抑、挫折、困惑、不敢說話；被他人誤解；古老的傷害；受害者情結；悲傷、寂寞、憂鬱；不信任自己和自己的身體；害怕體內有某個黑暗或不好的東西；

把事情推開或撇在一旁，直到你再也無法承受，發生爆炸。參見面部抽搐（第249頁）。

- **尿床**——害怕權威；失去控制；不確定感；害怕懲罰。
- **尿道炎**——感覺脆弱、被攻擊、被否決、失敗；做出跟自己的信念相左的行為；感覺人生不公平，你是自己際遇的受害者；緊抓過去未解的悲傷和悲痛不放。
- **扭傷**——感覺散亂、分神、模糊；需要專注；把自己逼到極限；不耐煩、不寬容；對某人或某事感到不悅；對正在發生的事無感；犯愚蠢的錯誤，經常誤判事物；抗拒權威。
- **更年期方面的問題**——害怕老年；覺得不值得愛和關注；覺得自己很可憐；害怕沒有魅力；抗拒自己陰性的一面；覺得沒用，過了「使用期限」。
- **禿頭**——太多壓力，害怕未來；難以信任；試圖操縱、控制事件；活在刺激和挫折之中；難以應付失望的感覺，挫折到想要扯頭髮。參見白髮、掉髮。
- **肛門出血**——太過努力；逼迫事情發生，而非讓它們順其自然；不願處理未解的問題；希望事情照著你的想法；害怕失去；抗拒改變；對於人生正在發生的事情感到憤怒、挫折、不快樂；難以設立底線；試圖掌控無法掌控的。
- **肛門膿瘍**——抗拒、憤怒、責怪；某件事使你感到羞恥或身受其害，因此試圖隱瞞；感覺愧疚、糟糕、骯髒；試圖懲罰自己和他人；想要報復；對於不想感受到的情緒覺得挫折、招架不住。參見膿瘍（第280頁）。

• **角膜炎**——感覺無能為力；內在憤怒、不悅和深沉的悲傷；對於向他人敞開心房感到極端的壓力、焦慮、恐懼；對自己的經歷深深感到失望，對看見的事物深深感到驚嚇；不信任人，甚至連自己也不信任；覺得看夠了；非常渴望看見跟眼前事物不一樣的東西；因過去的傷害而有所保留。參見發炎（第263頁）。

八畫

• **乳房囊腫／腫塊**——緊抓過去的傷害不放，後悔過去所做的決定；對事情的結果、失去的夢想感到悲傷；感覺人生不充實；難以向他人求助；不知道怎麼拒絕；缺乏照顧和撫慰；感覺不被生命和他人支持。參見癌症（第279頁）、囊腫（第284頁）。

• **乳腺炎**——感覺僵硬、無助、被拋棄、不被支持；抗拒改變；失去自由；感覺被責任和期許所束縛；推開感受；忽視、犧牲自我；表面上遷就他人，私底下很氣憤；覺得被遺棄；覺得人生很不公平。參見發炎。

• **乳糖不耐症**——感覺人生很難，你需要的一切永遠都不夠；埋怨人生；想要身在他方；相信在其他地方生活會比較好、比較輕鬆；困乏；生活中需要更多喜悅、甜美和創意。

- **乳癌**——因承擔了所有人的問題而無法顧好自己；覺得愧疚和委屈；太多擔憂和顧慮；缺乏自信和自愛；受害者情結。參見癌症（第279頁）。
- **乳糜瀉**——感覺過度敏感、容易受傷、不悅；難以替自己說話；總是專注在錯的事情，而非對的事情；難以承受批判。
- **亞斯伯格症**——難以融入；覺得沒有人了解你；孤立、寂寞、區別的感受；害怕不被接受或喜歡；跟人在一起不自在，不知如何傳達自己的感受；看起來很凶、很倔，但實際上卻很渴望關注、愛與理解。
- **受孕（困難）**——害怕失去自由；沒有感覺到被支持；不確定自己是否能成為好的父母；對於為人父母的觀念十分有限；兒時未解的問題；因急著想懷孕而阻礙了過程；對於自己不能或害怕自己可能做不到而感覺憤怒、埋怨、受傷；別人有小孩而你卻沒有，使你感到嫉妒不悅；自我批判、缺少樂趣、不信任生命、不讓自己享受跟孩子之間的連結。
- **受寒**——處理超出你舒適圈的經歷或狀況；感覺暴露在外、脆弱、不受保護；侷限、僵硬；不確定下一步該怎麼做；內心對做出錯的決定感到困惑恐懼。
- **帕金森氏症**——內在衝突；沒有好好處理的創傷經歷；跟自己的情感失去連結；沒有留時間給自己；感覺自己很失敗、沒用、不值得被愛、不受到賞識；恐懼、不確定感、沒有彈性、抗拒、控制；失去希望，未實現的期許、愧疚；試著取悅他人時感覺不被接受；破碎的靈。

• **念珠菌**——自我懷疑；感覺散亂、迷糊、疲憊、充滿壓力、受困；對伴侶感到挫折，責怪伴侶或親近的人；得不到想要的東西使你憤怒，卻又不想改變或做出正面的行動；難以信任他人或向人傾訴。

• **性冷感**——受傷、被拒絕、憤怒；感覺被束縛、不快樂、失衡、不踏實、失去與感官的連結；背負對性愛的評斷；拒絕喜悅和歡愉；跟身體失去連結；害怕被支配；需要控制。

• **性病**——感覺被誘惑、失控、羞恥、侮辱；想逃跑躲起來；感覺愧疚，彷彿你做了什麼罪事；經歷拒絕、恐懼或自我正當性遭貶低；對自己或伴侶感到憤怒。

• **所有種類**——失去連結、自覺感強、愛評斷；嚴苛、自我批判、固執、容易不悅生氣；希望事情照著你的想法；挑別人的毛病；自我中心，害怕改變或轉變；感覺抗拒、愧疚、羞恥、戒備。

• **披衣菌**——感覺羞恥、不悅、被利用；允許別人像寄生蟲一樣啃食你；覺得憤怒、被拒絕、寂寞、不被重視；總是在想自己到底有什麼毛病；對自己的身體和性慾感到不自在。

• **抽搐**——內在衝突、抗拒、動盪；被動攻擊；不滿足，進而導致內在憤怒與暴力；努力壓抑、控制你認為是自己黑暗面的那一面。

• **拇趾滑液囊炎**——人生方向錯誤；做出限制成長的決定；害怕改變；不相信自己創造和成功的能力。

- **昏倒**——恐懼使你招架不住，有太多事情同時發生；無法應付；尋求出路；感覺疲累、充滿壓力。
- **昏迷**——不想待在此地；害怕未來；覺得無法應付這樣的人生；需要逃跑或逃離某個處境。
- **昏厥**——失衡；覺得人生令你招架不住；需要找個出口；太多壓力、焦慮和創傷。
- **杭丁頓氏舞蹈症**——失去前進、成長、探索的慾望；安於人生的命運；失去創意和熱忱；感覺軟弱、遭人算計；想要放棄或妥協；覺得沒什麼有趣的事情可以讓你專注。
- **泌尿道感染（UTI）**——找人怪罪自己的問題或缺點；感覺不爽、不悅、憤怒、憤恨；背負巨大的愧疚和恐懼；深深相信自己有問題；允許他人操縱、控制自己；不知道如何為自己挺身而出、拒絕他人；性愛方面的壓力和羞恥。
- **注意力缺陷過動症（ADHD／ADD）**——難以專心或專注；無聊、挫折、凶巴巴；不知如何分享或傳達自己的感受；感覺受困，被迫去做不想要做或沒有興趣的事情。
- **疝氣**——暴力關係；被控制、利用、操縱、剝削；感覺停滯不前，一切都沒有希望；負面態度、愧疚、憤怒；感覺人生給你很大的負擔；經常自我陷害；阻礙自己的創意表現。
- **社交恐懼症（極度害怕被評斷和批判）**——需要認同與愛；感覺被冷落、拒絕、拋棄和孤立；害怕他人生氣和他人對你的反應。

- **社交焦慮**——參見社交恐懼症。
- **肥胖症**——感覺不安全、不值；需要武裝保護自己免於痛苦；試著透過吃東西來壓抑情緒；感覺不值得被愛；跟人保持距離，這樣就不會被傷害；不斷自我陷害；承認失敗；厭惡、懲罰自我；困在愧疚、憤怒和埋怨的循環裡。參見胖（第248頁）、過重。
- **肺炎**——阻礙生命的流動；內在混亂；情感傷害與憤怒；筋疲力盡；人生的問題使你招架不住、被壓垮；想要放棄的感覺，「這有什麼意義？太難了」的心態；情急；被沒有表達出來的淚水和悲傷所淹沒；想要救贖。
- **肺結核**——感覺軟弱、自卑、被他人的力量擊倒、憤怒；內在混亂和掙扎；害怕他人會想利用、打敗你；為了保護自己，先傷害他人；可能會出現自私、佔有的特質和行為。
- **肺癌**——對自己和他人太嚴苛；太多期待、失望、寂寞、憤恨、悲痛、沉重、憤怒；緊抓心碎的痛苦或是困難、暴力的關係不放；無法原諒和放下；傾向把自己放最後、事情做過頭、耗盡精力。參見癌症（第279頁）。
- **花粉熱**——壓抑情感；挫折、憤怒、愧疚、困頓；覺得沒辦法做想做的事；太過擔心（資源、金錢、愛、關懷等）會不夠，使你無法生存；沒有自己的時間；需要找出你對誰過敏或是什麼令你不悅生氣。
- **近視**——憂慮；懷疑自己應付未來的能力，感覺招架不住。

- **阿茲海默症**——失去力量、無法應付人生、太多壓抑的情感；人生使你招架不住，想要逃到另一個時空；不想記得或處在當下；感覺失落困惑；過著現在的人生使你感到焦慮；害怕死亡和放下。
- **青光眼**——感覺被禁錮、處在壓力之下，使你招架不住、心理和情感上很疲憊；壓力阻擋你對未來的展望；難以原諒他人、放下阻滯。

九畫

- **便祕**——覺得被隔絕、有所保留、困在舊思維裡；不願做決定、不願從他人的角度看事情或做出改變；試圖說服他人你是對的、你比較懂；「不聽我的就滾開」的心態；緊抓過去的恐懼和憤怒不放；可能會做出極為自私、嚴苛、自滿的行為，展現孩子氣的特質；感覺不被愛、不被重視、不被賞識；總是擔心未來。
- **冠狀動脈血栓**——停止生命的流動；對他人關上心房；覺得不夠好、不值得擁有愛；緊抓自己很無用的信念不放；認為沒人在乎你；感覺被他人背叛，允許痛苦和悲痛阻擋血液流到心臟；對生命缺少喜悅和熱情。

‧**咬牙切齒**——無法放下或處理日常壓力；緊抓過去的憤怒或恐懼不放；擔心未來；無法下定決心或放鬆；覺得你有太多事要處理、太多決定要做；吃下自己消化不了的分量。

‧**咬指甲**——緊張、對自己感到不確定、不受保護；自尊低落；困惑、猶豫不決、枯燥、充滿壓力；停滯感；對某位親朋好友感到生氣不悅；感覺有人在突破你設立的障礙；對一件即將到來的重大事件感到緊張。

‧**咳嗽**——不願為人生做出必要改變；感覺擔憂、焦慮和壓力使你招架不住；試圖干預他人的人生，專心解決他們的問題，好把注意力從自己身上轉移開來，不去處理自己的問題；容易對他人感到不悅，特別是跟你親近的人；自我批判；容易受他人影響。

‧**孩童疾病**——需要關注和愛；感覺被冷落、難受、不確定怎麼應付人生；恐懼，特別是父母以前愛吵架或現在仍然愛吵架的話；緊抓愧疚不放，承擔父母的擔憂而使自己生病；相信做壞事就要受罰；覺得不值、不值得愛與情感；內在掙扎。

‧**幽閉恐懼症**——感覺焦慮、糾結、擔憂、困頓、囚禁在自己的世界；需要控制所有人、所有事，感覺失控；努力讓一切完美無缺，卻無法成功；背負許多被壓抑的憤怒和失望。

‧**後天免疫不全症候群（AIDS）**——覺得愧疚、委屈、失望、骯髒；性愛方面的羞恥感；相信不平等、不公義、劣等；覺得被打敗、不夠好、不重要、不配；排斥自我；經歷內在混亂、掙扎和軟弱。

- **扁桃腺炎**——感覺防禦心重、控制慾強、害怕；覺得自己想表達的東西不重要，別人不會想要聽；壓抑創造力和喜悅；低估自己的天分和能力；黏人；自己做的事需要尋求他人的許可和支持。
- **拼讀及寫困難**——感覺被逼著表現和取悅他人；因沒有達到父母和老師的期許及缺乏原創的點子而感到羞恥、被侮、丟臉；想要按照自己的方式做事；渴望進行深沉、靈魂之間的溝通，卻常被他人誤解。
- **流血**——自我陷害；緊抓自己應該受到懲罰和遭受痛苦的信念不放；太專注在負面能量以及沒有成功的事物上，而非把注意力放在可以成功的事情；覺得自己必須掙扎和痛苦才能達成目標。
- **流行性感冒**——脆弱、疲累、虛弱；周遭的負面能量使你招架不住；覺得你必須背負自己無法承受的沉重負荷；感覺正當性被貶低；內心困惑混亂；需要「中場休息」時間。參見感冒（一般）。
- **流產**——尚未準備好生育小孩；害怕生產和責任；未解的家庭問題；需要對自己柔軟、溫和、關愛；可能胎兒的靈魂尚未準備好誕生人世或胎兒的身體有缺陷，太過虛弱、無法存活。
- **流感**——參見流行性感冒。

- **疣**——把人生視作醜陋、充滿威脅、惡意的；專注在負面事物以及討厭、不喜歡的東西上，而不專注在自己喜歡、喜愛的東西上；感覺無法勝任、沒有魅力、生命中不值得美好的事物。
- **疥瘡**——難以應付人生和堆在你身上的責任；急著擺脫某個狀況，卻不知道該怎麼做；感覺別人有權力告訴你該做什麼、該怎麼做；缺少自我價值感；巨大的內在攻擊性和受傷的感受；感覺自己被懲罰。
- **胃灼熱**——難以消化人生；愧疚、憤怒、恐懼、憎恨；難以信任和放下；想要報復；內心在燃燒；緊繃；受傷的心。
- **胃炎**——無法承受持續不斷的爭吵、恐懼、挫折和負面能量；覺得被拒絕、失望、悲傷；太多事情同時發生使你無法消化人生的挑戰和困難；容易不悅，對自己和未來感到不確定。
- **胃潰瘍**——太多擔憂、焦慮和壓力；難以管理時間；把迫切需要關注的事推開；試圖用各種事物填補內心感覺到的空虛，卻不找出對自己不好的東西、向前進；憤怒、受傷、埋怨；沒有管道表達自己；把自己逼得太緊、太過。參見潰瘍（胃）（第276頁）。
- **胃積氣**——有所保留；覺得不自在；無法清楚表達情感；抗拒改變。
- **胖**——感覺脆弱、無法勝任、沒有魅力、憂鬱；吃過頭，希望藉此壓住情感；認為如果體型龐大，就能保護自己免受痛苦；感覺困頓、沒有動機、失衡；緊抓過去的痛苦和怨念不放；用食物懲罰自己；試圖推開他人，跟他們保持距離；總是在拖延、覺得自己的人生不值得擁有美好的事物。參見肥胖症（第244頁）、過重。

- **重複性勞損（RSI）**——不傾聽自己的身體；難以放下舊的、迎接新的；沒有彈性、困頓，把力量交給他人或他事；心想：「我必須繼續做不喜歡做的事，因為我需要錢，而我沒有別的方法可以賺錢。」讓別人或某些情況控制你、不相信自己、不相信有更好的工作或情況在等著你；抗拒改變。
- **面部抽搐**——壓力、畏懼、焦慮、興奮；不確定該如何對某個處境做出反應；驚嚇；害怕未來。參見妥瑞氏症（第238頁）。
- **風濕**——沒有彈性、支配慾強、盛氣凌人、自認正義；深植的怨念、憤怒和憤恨；無法原諒和前進；責怪他人，而不承擔責任；相信你是人生的受害者；死板，彷彿一切非黑即白。
- **飛行恐懼症**——常常會在你或家人搭飛機途中出現負面經歷或意外時發展出來；聽見、看見墜機或相關意外的影像也會發展出這種恐懼症。
- **食物過敏／敏感**——對於周遭發生的事感到不悅；對他人的行為和對你的看法極度敏感；你對人生的不滿沒被人聽見、沒獲得解決，使你感到挫折；抗拒人生；太過專注在你喜歡和不喜歡的東西上；沒有充分表現出真正的自己。參見過敏（第271頁）。

十畫

• **哭泣**——允許自己放下緊繃和過去的壓力；用不同的觀點看待人生的機會；如果被壓抑的感受能獲得承認、接著放下，哭泣是極具療癒效果的；洗淨內在，挪出空間給更多見解；可能是流下喜悅的淚水。

• **唐氏症**——選擇體現並經歷隨興、內在自由、敏感和油然而生的情感；來到世上教導世人脫離社會壓力的枷鎖；唐氏症的孩童可以教會父母無條件的愛、開放與情感自由；由於唐氏症可能會讓人想要躲起來、依賴他人，或是激發無力、攻擊、失控和焦慮的感覺，因此這些孩子需要得到自己渴望的安全、愛與情感。

• **害怕老化**——害怕失去自己的價值；深信病痛與衰退；害怕改變與轉變；希望事情保持原狀，不願前進、擁抱人生的新面向。

• **害喜（重度）**——難以應付身體的轉變；害怕被困住；擔心當不了好母親；跟伴侶的關係之間有未解的傷害和問題。

• **庫欣氏症候群**——時時自我陷害；被不知道該如何解決的問題所壓垮；人生使你招架不住；覺得臉皮薄，彷彿就連一點點小挫折都無法承受；相信一切都是艱難的，沒有人可以幫助你。

- **恐慌發作**——壓抑的恐懼、憤怒、悲傷或痛苦的回憶突然浮現，常跟過去的創傷有關，特別是童年發生的創傷；感覺軟弱、充滿壓力、遭到算計；感覺被攻擊、批判、逼迫；內在軟弱；過度疲累；總是抗拒、違背本性；認為人生充滿掙扎和痛苦。
- **根管**——腐敗、死氣沉沉、自我挫敗的行為、不安全感；感覺自己耳根軟；難以為自己挺身而出；無條件接受他人的想法；感覺羞恥自卑；與自己的根失去了連結；排斥自己的某一個層面。
- **格巴二氏症候群**——覺得被攻擊、被批判、軟弱、僵硬；無法為自己挺身而出；覺得人生快要崩解，自己正處於最低點；嘗試的一切似乎都不順利；感覺自己只是在用頭撞牆；對人生現況和一切掙扎感到疲累；想要放棄或妥協。
- **氣喘**——太過努力取悅他人；想要完美；難以拒絕他人、為自己挺身而出或表達自己的感受；把自己逼到極點，直到筋疲力盡、氣喘吁吁；感覺軟弱、焦慮、沒有力量；讓他人控制自己；感覺受傷、困頓、如籠中獸。
- **氣腫**——人生感覺充滿掙扎；深信刻苦和限制；感覺像受害者，被冷落、拒絕；經歷畏懼的感覺，彷彿有什麼不好的事要發生；缺乏喜悅；思考太多；難以活在當下；壓力和擔憂使你筋疲力盡。
- **浮肉**——感覺失衡、起伏；相信人生很艱難、充滿阻礙；認為年紀越大，所要面對的挑戰越多；抗拒人生，把問題放在次要位置，而不在當下解決。

- **浮腫**——緊抓過去沉重或充滿限制的情感不放；難以前進；泗泳在悲傷和絕望之中；不知道如何過著幸福快樂的生活；持續自我陷害；抗拒自己的感受，而不從中學習；推開自己想要的東西；家庭衝突。
- **消化不良**——難以同化經歷；評斷、憤怒、不切實際的期許；失望、害怕失敗；拒絕改變；跟他人意見不合；完美主義；可能會堅持己見、有不安全感、自以為正義。
- **狼瘡**——被不安全感、缺乏自信和不信任纏身；感覺像受害者、被操縱和視為理所當然；未解的童年問題；無法為自己挺身而出；被責任壓垮；總是把他人放在前面；憤怒、埋怨、責備和愧疚；緊抓需要自我懲罰的信念不放。
- **疲累**——壓力、抗拒、掙扎、限制；努力把事情完成；工作過頭，把自己逼到極限；人生使你感到乏味挫折；付出太多努力，使你心力交瘁。
- **疾病發作**——無法應付人生或壓力很大的狀況；完全超載，身體必須關機；態度無所謂，否認正在發生的事；感覺招架不住，需要放空時間；跟感受和經驗失去連結；壓抑的創傷；退縮遠離人生。
- **病毒**——感覺失控、脆弱、容易受他人操縱影響、被批判、騷擾、威脅、攻擊、像個受害者。
- **眩暈**——身體超載；感覺不穩、失衡、不踏實、困惑；無法應付人生；事情似乎跟你以為的不一樣；感覺不安全、散亂、負擔沉重；想躲起來或身處他方；難以接受現況；不斷繞圈子，不確定如何改變或該走哪個方向。

- **神經質**——害怕、不信任、糾結、責備；懷疑某人或某事意圖傷害你；感覺失控；背負著的祕密不斷啃食自己；認為有不好的事要發生了。
- **粉刺**——自己的身體使你不自在，感覺不安全、不被接受、被拒絕、不夠好、不值得擁有愛；緊抓自我憎惡不放；因為過去犯下的錯而試圖傷害、懲罰自己；控制慾強；以不實際的完美主義要求自我；過度敏感。參見丘疹（偶發）。
- **胸腔充血**——有所保留、感覺阻塞；難以傳達，要求自己想要的東西；允許他人指使你，然後又對他們感到憤怒、埋怨。
- **胼胝形成**——抗拒自己的感受；變得僵硬；困在有限的觀點裡；害怕相信直覺、做出賦予力量的行為；擅長給予他人好的建議，卻不擅長接受建議。
- **脊柱側彎**——分享或揭露自己真正的感覺使你感到不安全；神祕、掩蓋、有所保留；無法信任他人；背負背叛、自卑、自尊低落的感覺；感覺人生給你很大的負擔；責任心太重；不斷批判自我；一切永遠都不夠好；完美主義；對生活和人感到深沉的失望；內在憤怒和衝突；可能會有憂鬱、侷限、失敗、無助和絕望的感受。
- **脊椎側彎**——參見脊柱側彎。
- **衰老**——失去力量，無法應付人生；太多壓抑的感受；退化到孩童的狀態，需要他人不間斷的關注；人生使你招架不住，想逃到另一個時空；不想記得或處在當下；感覺失落困惑。

- 酒渣——羞恥、丟臉、愧疚；渴望被看見、承認、接受；遭禁止表達的情緒使你招架不住；試著聽話、取悅他人，而不探索真正的自我；總是懷疑自己、改變心意。
- 針眼——感覺困頓、恐懼、困惑、迷失方向；背負過去的憤怒和埋怨；總是貶低自己的正當性、拋棄自己的決心；無法下定決心。
- 骨折——把自己逼到極限；工作過度；試圖逃離一個困難的處境；深信自我懲罰；認為自己應該被欺侮，無論是心理、情感或生理上的；不尊重自己的諾言；達到崩潰點。
- 骨質疏鬆——感覺軟弱、不被支持、受限；緊抓愧疚和怨念不放；不願意為自己的行為負責；忽略自我、擔憂；背負著他人的沉重負擔；覺得失落、失去力量、孤立、羞恥，彷彿世界就要崩塌；難以說出、要求自己需要的東西。
- 骨頭虛弱——缺乏支持；交出自己的力量；感覺軟弱、不確定、受限；相信他人的評斷與批判；感覺被控制、不受保護、沒有防衛能力、疲倦；骨子裡背負許多壓力和擔憂；感覺孤立、被拋棄，好像沒有人可以依靠；內心深切需要被照顧。
- 骨頭變形——違抗自己所相信的；不斷去做他人希望你做的事；把自己的夢想或目標擺在一邊；人生的遭遇使你備受打擊；深沉的背叛和絕望；困在持續不斷的掙扎之中。

- **骨癌**——深沉的怒氣、創傷與恐懼；緊抓過去的深沉痛苦和怨念不放；再也無法抓著痛苦和壓力；感覺脆弱；奮力生存；不斷攻擊自我；太多負擔和未解的問題正將你吞噬。參見癌症（第279頁）。
- **骨髓方面的問題**——失去信念；對自己和他人感到失望；背負失敗和不安全的感覺；害怕向前進，獨自一人做事；不讓別人看見自己的才能，進而阻礙任何成功的可能；太需要他人的認同。參見發炎（第263頁）、骨髓炎。
- **骨髓炎**——對某個人或某件事感到深深不悅和氣憤；抗拒正面衝突；感覺被攻擊、被差勁對待、信任感破裂或是打破自己的承諾；感覺孤立、擔憂、害怕未來；跟生存和在世界上尋找自己一席之地等有關的內在掙扎；自我陷害。參見骨髓方面的問題、發炎（第263頁）。
- **高血壓**——內心氣憤、感覺受傷、渴望報復；緊抓憎恨、憤怒不放；感覺太多壓力、太多要求；想要被喜歡；試圖取悅他人，以得到他們的關注與稱讚；把自己逼到極限。
- **高度、危險及死亡恐懼症**——感覺軟弱、易破碎、失衡、驚慌；難以放下與信任；非常需要控制並讓一切奏效；思考太多，想像最糟的狀況；害怕死亡。
- **鬥雞眼**——參見內斜眼（第228頁）。

十一畫

• **乾癬**——不安全感、被拒絕、不悅；需要找人責怪，而不負起責任；壓抑情緒，直到最後爆發出來；背負深沉的失望；憎恨、懲罰自我；感覺失落，不知道屬於哪裡。

• **偏頭痛**——控制、壓力、嚴肅、完美主義；努力過度；非常需要愛和認同；忽略自己的需求；把他人放在自己前面；極度的愧疚與焦慮；跟自己和他人起衝突；自我懲罰；對他人感到憤怒生氣；愛說：「你讓我好頭痛。」

• **停經（沒有經期）**——覺得身為女性使你不自在；對女性感到埋怨，尤其是對你的母親；被拋棄的感覺，缺乏滋養和對自己力量的信任感；感覺虛弱、脆弱、易受傷；不知道如何照顧自己；運動、節食過度，虐待自己的身體，給自己太大的壓力。

• **健忘**——人生使你不滿足、不快樂、不充實；除去痛苦的回憶；不想面對過去；太多未解的問題和壓抑的情感。

• **副甲狀腺方面的問題**——害怕失敗；對自己和他人感到失望；太容易放棄；在競爭中感覺受到威脅；對自己成功的能力缺乏信心；感覺被控制，特別是被家人；不確定如何掙脫；感覺依賴他人；尋求獨立自主。

• **動脈粥樣硬化**——評斷、批判、譴責；失去跟情緒和心的連結；聽從大腦，而非心；害怕愛自己和他人；用負面的眼光看待自己；跟人保持距離；懷抱過去的傷害；對自己和他人嚴苛。

• **動脈瘤**——感覺招架不住、人生太難、一切都沒有用；難以開口尋求支持；覺得某個狀況已經失控，無法回頭；需要靠任何可能的方式逃離一個處境；工作到死；背負太多問題和責任；固執。

• **動暈症**——感覺不安全；無法放下和信任；害怕失控。

• **寄生蟲**——允許他人啃食你；感覺招架不住、不受重視、被拒絕；認為自己很骯髒、有問題；對自己的身體感到不適；感覺每個人都想要跟你爭執允許他人啃食你的精力和生命能量；感覺不潔；負面能量、批判與挫折附身；覺得時間、精力、愛和支持永遠不夠；臣服於他人、而非自己的需求和渴望；給予太多，卻沒得到足夠的認可或感激。

• **帶狀疱疹**——自尊低落，源自童年的不值感；感覺緩慢、愚笨、恐懼；緊抓過去的憤怒和埋怨不放；難搞、要求多、過度敏感；總是拿放大鏡看自己和別人；總是回到同樣的念頭：「我不夠好，所以不如放棄。」

• **強迫症（OCD）**——無法應付；非常需要掌控和可預測性；感覺不安全、害怕、不安穩、戒備；懷疑人事物；害怕改變自己的話，一切就會出錯瓦解；自己或親近的人身上發生艱難或負面的事件時責怪自己。

- **強迫進食**——掙扎著處理被你壓下或排拒的毀滅性情緒；遮蓋身體試圖給予你的感受和訊息；害怕如果允許自己感受，就會使你憂鬱、爆炸或讓一切崩解；感覺愧疚、羞恥；需要控制；害怕失敗；試圖填補內在空缺。
- **掉髮**——壓力；失去保護、自信、自愛、方向；覺得沒有魅力；過度評斷、批判自我與他人；挫折、愧疚、怨念、憤怒；抵抗流動的方向，不允許人生的一切自然流動。參見禿頭、白髮。
- **梅毒**——感覺受到威脅、無力、受害者情結、脆弱、被威嚇、像隱形人、不重要、不值、沒人要；沒人聽從或聽見你；背負羞恥、愧疚、怨念、憤怒；不確定如何或何時拒絕他人以及如何設下健康的界線；允許他人利用你再將你拋棄；陷害、拒斥、厭惡自我。
- **淋巴方面的問題**——感覺脆弱、害怕、失衡、不被支持、不被愛、被拒絕；容易受到他人不公平的影響；感覺你不能照顧或保護自己；自我陷害；無法為自己挺身而出；困惑和不確定性。參見淋巴瘤。
- **淋巴腺熱**——「懶得去做」的態度；猶豫不決、困惑、混亂；疲憊、灰心；難以溝通；無法說出自己想要的東西；允許他人指使你、消耗你的精力；沒有底線。
- **淋巴瘤**——感覺被威脅、焦慮、害怕失去；有害的想法和看法；總是自我陷害；需要被愛、被接受、被賞識，不惜代價；總是為他人做事，以尋求認同；暗中感覺無力、沒有價值、不重要；感覺內心空虛，試圖透過把注意力放在解決他人的問題上以填補空虛；讓別人開心，卻沒讓自己開心。參見癌症（第279頁）。

- **淋病**——性愛方面的愧疚、侵犯、恐懼；對於性愛感到深沉的羞恥；謊言；藏起自己真正的創造力；太多段痛苦的感情；深深厭惡自我；經常自我陷害；緊抓不健全、不健康的感情不放。
- **產後憂鬱症**——分離、拋棄、空虛的感覺；難以承擔額外的責任；招架不住、孤立、寂寞、悲傷；覺得不夠好；對自己的能力沒有信心和信念；相信具自我毀滅能力的想法。
- **痔瘡**——無法放下；「人生不公平」的心態；對於過去的決定感到愧疚或不自在；對自己和他人十分批判；失去方向和自信；憤怒，難以原諒、向過去學習；感覺被拋棄、背叛；緊抓受家庭影響的過時信念和恐懼。
- **眼盲**——不想看見周遭發生的事物；人生和人使你畏懼；抗拒自己不喜歡的東西；對不想看見的事物視而不見；需要往內尋找不同的現實，因為外在的現實太痛苦了。參見色盲（第236頁）。
- **第一型糖尿病**——需要甜蜜、關注、愛和照顧；出現不安全感、對自己不確定、過度依賴黏人；自我中心，把注意力放在自己的不足上；希望自己看起來是他人不可或缺的角色；傾聽太多負面能量，讓負面能量將自己包圍。

- **第二型糖尿病**——害怕完全參與人生；非常需要控制、知道一切；極需要關注與認同；總是渴望愛，卻又認定自己不值得、不應該得到愛；深沉的愧疚；認為必須很辛苦才有辦法生存；常常在感情中迷失自我；經常需要靠甜食來蒙蔽軟弱、限制的感覺以及一切總是不夠的想法；困在自己受限和困乏的世界中。
- **細菌感染**——感覺軟弱、容易被他人影響、黏人；不惜代價渴望關注；覺得氣憤、挫折、不悅；事情放在心裡，不去分享、放下、改變。
- **蛀牙**——忽視自我；憤怒；不願原諒傷害過你的人；太過嚴肅看待人生；背負羞恥；批判自己和他人；固執、凶巴巴，希望事情照著你的想法；缺乏甜美、啟發和溫柔。
- **貧血**——覺得筋疲力盡；失去喜悅、創造力和對人生的興趣；緊抓太多擔憂和憂慮不放；覺得自己不夠好、沒價值；貶低自己和自己慾望的正當性；抗拒人生，感覺受限失落。
- **酗酒**——被壓抑的憤怒和傷害無處可發洩；自我懲罰、枯燥、停滯、憂鬱；需要有個出口；思考太多；淹沒在自己創造出來的問題之中，把它們推走，而不去處理它們。
- **陰道炎**——對自己的性能力感到羞恥愧疚；感覺像受害者，被過去的感情所傷害、失了顏面、侮辱、丟臉；覺得自己做錯了某件事或者有人辜負了你，無法原諒和前進；貶低自己；對他人責怪、憤怒。
- **麻木**——壓抑；不想感受、把感受壓下去、跟自己的情感失去連結；排斥自我；不願給予愛。

• 麻瘋——拒絕自我；暴怒；無法應付人生；感覺不被接受；沒有歸屬感；經歷內在混亂；感覺不被支持、不乾淨、不值得被愛、恐懼、疏離。

• 麻疹——覺得招架不住、疲累、筋疲力盡、充滿壓力、擔憂；不知道如何表達自我；內在挫折、混亂、絕望感；家庭不和諧；需要關注、關愛、安全感、安心。

十二畫

• **創傷（生理方面）**——沒有傾聽自己的或宇宙的指引；深深抗拒改變；需要被打醒；允許負面思維掌控你的人生，進而不斷限制自我；自我陷害。

• **創傷（情感方面）**——感覺脆弱、軟弱、失落，彷彿天塌了下來；背叛、失望；缺乏關懷與支持；困頓、僵硬、冰冷；跟自己的指引和更崇高的目的失去連結。

• **創傷後壓力症候群（PTSD）**——緊抓過去不放；難以前進；困頓、驚嚇、愧疚、懊悔；感覺像受害者，受到威脅、傷害、削弱；創造一座內在監獄，特別是當你曾對另一個人造成創傷或死亡時；自我懲罰；把別人推開；害怕求助。

• **喉炎**——有所保留；無法表達自己；無法拒絕他人；努力過度；對於所說或所做感到愧疚；內在憤怒；挫折；害怕批判、拒絕、評斷。參見失聲（第231頁）。

- **喉嚨痛**——沒有說出自己真正的感受；有所保留；感覺充滿壓力、挫折、憤怒、恐懼；內在衝突；害怕不被接受。參見鏈球菌咽喉炎（第282頁）。
- **循環問題**——感覺困頓、受限、被拉住，彷彿你一直在繞圈圈，沒有改變；讓他人做出重大決定，然後在事情出錯時責怪他們；害怕承擔風險；用你被教導的方式做事情，而不嘗試新事物。
- **惡夢**——壓抑的恐懼、壓力、焦慮化身為夢境；恐懼浮出表面，要讓你看見、處理它；反覆出現、不知道該如何解決的問題。
- **揮鞭式頸部創傷**——示意你的人生必須做出改變的警鐘；困惑、自我批判和攻擊；痛罵自己或允許他人獵捕自己。
- **散光**——扭曲的人生觀；跟現實爭論，希望事情可以不一樣；無法接受自己或自己的人生經歷；緊抓拒絕的感覺不放。
- **椎間板滑出**——難以做決定；感覺情感上不被支持；缺乏信任感；情感阻塞使你無法向前；忽略自己的需求；太多壓力，在體內產生僵硬和不靈活。參見椎間盤突出。
- **椎間盤突出**——太多壓力；不知道何時該停止；抗拒改變；需要被需要；忽略自己；難以求助；充滿限制的思維；覺得不夠。參見椎間板滑出。
- **無法哺乳**——感覺無法勝任；責怪自己遭遇了挑戰；當媽媽的責任使你壓力極大、招架不住；試圖控制局勢，卻感覺沒有力量。

- **焦慮**——想著過去和未來，不信任生命的流動；覺得沒安全感、不被支持、無力改變現況；專注在負面和限制上，允許自己沉浸在恐懼之中。
- **痙攣**——感覺充滿壓力、焦慮、緊張、抗拒、挫折；懼怕未來。
- **痙攣性結腸炎**——壓力、焦慮、擔憂；感覺內心收縮狹隘；不確定如何處理一個問題；專注在問題、而非解決方法上；缺乏信任；不斷改變心意、猜測直覺；感覺被他人攻擊、批判；因不想受傷而戒備。
- **痛風**——經歷太多緊繃、壓力和擔憂；試圖控制他人和局面；感到強烈的壓力；極度固執、自認正義；只用自己的角度看事情；覺得被責任和原則束縛。
- **痢疾**——再也無法承受一切事物發展的方式；身體造反；需要某件事盡快改變；失去與本質和內在的連結，忘記如何做出賦予力量的決定；內在的無力、憤怒、埋怨與責怪。參見腹瀉。
- **發作性睡病**——害怕未來，躲避、逃避；無法應付；絕望；過度疲勞；覺得人生變得太容易預測、單調乏味。
- **發炎**——不悅、內在衝突、惡化；內心氣憤，覺得遭到算計；不理性；對看見或經歷的不公義事情感到憤怒；允許他人控制、支配你；自我陷害。參見瞼炎（第281頁）、角膜炎（第240頁）、骨髓方面的問題（第255頁）、憩室炎（腸壁發炎）（第279頁）、乳腺炎（第240頁）、腎炎（第265頁）、骨髓炎（第255頁）。

• **發燒**——內在混沌、筋疲力盡、脆弱；感覺失衡、遭到算計、被激、憤怒；承擔太多責任；相信事情處理得不公平。

• **硬皮症**——覺得沒有魅力、不值、被拒絕、沒用；不想參與人生；放棄或妥協；專注於負面、限制和無助；缺乏動力或自我信念；無力和禁錮感；感覺被他人威脅，不知道怎麼保護自己，不受他們攻擊；抗拒生命，使你的身心靈沒有彈性。

• **筋疲力盡**——努力過度，把自己逼得太緊，不知道何時該停止；完美主義；抗拒不同的觀點；強迫事情發生；難以拒絕他人；把他人的需求放在自己的需求前面；固執；拒絕傾聽身體、拒絕認同自己的價值；覺得什麼事都不夠。參見燙傷（第277頁）。

• **結疤**——尚未完全癒合的傷口；提醒你曾經歷的痛苦；抗拒改變；困在尚未解決的情緒之中。

• **結節**——挫折、不悅、掙扎；厭倦等待某事發生；感覺被約束、限制、激怒；戲劇化。

• **結腸炎**——難以消化生命；畏懼，壓抑痛苦的情感，而非處理它們；大聲求助；感覺被打敗、不值；想要放棄或妥協；感覺一切難以應付；難以了解他人的觀點；非常需要認同，知道自己是對的。

• **結膜炎**——看到的東西使你不悅；試圖抗拒或阻擋生命中發生的事；害怕未來；感覺無法勝任，相信他人認為你很失敗；感覺焦躁挫折。

• **絞痛**——太多壓力和緊繃；恐懼和掙扎使你招架不住；需要關注和愛緊抓人生太難的信念不放；無法放鬆、放下；感覺靜不下來、疲累；要求過高，馬上就想要某些事物；挫折、不悅、灰心。參見腹部絞痛（第270頁）。

• **腎炎**——未解的家庭問題，有時跨越世代；深沉的寂寞以及對愛和情感的渴望；日常生活中有太多壓力和責任；感覺你要被情緒淹沒，對於該採取什麼行動感到困惑；私生活或職場令你失望；太多掙扎。參見發炎（第263頁）。

• **腎結石**——刻苦、負面、自卑；恐懼使你癱瘓；希望事情照著你的想法；懊悔、死板、沒有彈性、固執；從負面觀點看待人生；活在過去；背負痛苦的回憶；無法信任；羞恥、失望、失敗；感覺被痛打了一頓。參見腎臟方面的問題。

• **腎臟方面的問題**——自尊低落、埋怨、困頓、筋疲力盡；交出自己的力量、覺得自己不重要；把自己的缺點怪在他人身上；想找一個代罪羔羊；缺乏精力；感覺失去力量、焦慮、不知道該怎麼做；關係中缺乏溝通或溝通崩垮；散不去的古老悲傷與恐懼。參見腎結石。

• **腕隧道症候群**——想要變得麻木；做不想做的事；阻擋生命的能量流動；緊抓過去的悲痛和悲傷不放；掙扎；太多緊繃和困難；覺得自己無法應付某件事。

• 萊姆病——過度敏感；讓他人影響你的決定；感覺被削弱、精力少、遭威脅；太專注在自己不夠好這點；不從錯誤中學習；只會痛罵自己；周遭充滿總是嚴厲評斷你的愛批判的人；自信低落。

• 陽痿——感覺憤怒、不爽、被拒絕；不信任自己的性能力，與之失去連結；不安全、不被支持、恐懼；對性愛充滿評斷；自尊低落；覺得被所愛的人傷害；害怕親密；感覺脆弱、愧疚、羞恥、不值得被愛、憂鬱；拒絕喜悅和歡愉；跟母親之間有未解的問題。

• 黃疸——難過、不悅、困惑、緊張、憤怒；覺得你不想在當下這個地方；被誤解、拒絕、忽視；相信人生沒有支持來滋養你；抗拒人生；背負古老的恐懼、憂慮和憤怒。

• 黑色素瘤——感覺脆弱、不被保護；做了沒有助益的侷限決定，卻仍固執地堅守該決定；內在攻擊性爆發；對人生感到不滿；心想：「就只有這樣了嗎？」抗拒成長、改變、擴張；交出自己的力量，允許自己之外的權威人物制定規矩；對自己缺乏信任；不願做功課、深入了解；希望別人告訴自己怎麼做、怎麼想、怎麼生活。參見癌症（第279頁）。

十三畫

• **傷口**——壓抑的傷害以傷口的形式來到身體表面；感覺像個受害者；自我批判與評斷；難以原諒。

• **嗅覺缺失**——參見失去嗅覺（第231頁）。

• **嗝氣**——缺少自由；感覺決定受到剝奪；在沉重不妥協的關係裡感覺倍受挑戰；想把事物推開；限制進到生命的東西；難以接收美好的事物到生命中；感覺無力招架，好像一下子有太多需要處理。

• **圓癬**——讓對你沒有好處的舊觀念在皮膚底下化膿、將你慢慢吞噬；緊抓過去的憤怒和失望不放；因沒有得到想要的東西而感到不悅挫折；不耐煩、焦躁、不寬容、自大、驕傲、優越的態度——這些都使你無法改變。參見錢癬（第278頁）。

• **意外**——覺得恐懼、自大、叛逆；深信痛苦和懲罰；經歷內在衝突；感覺失衡、無法專注、困惑；無止境重複播放的負面想法使你招架不住。

• **愛迪生氏病**——容易壓力過大；擔心每件事和每個人，太在意所有事；感覺焦慮；不讓自己有休息的時間；總是忙著實現、完成某些事；違抗生命的洪流；因事情沒按照自己想要的方式發展而感到挫折；不讓自己體會樂趣、喜悅和笑聲。

• **感冒（一般）**——散亂；要做的事太多、責任太多、壓力太大，因此無法表現；拒絕傾聽自己的身體並放慢腳步；感覺招架不住、工作過頭、筋疲力盡；需要一個人的時間；對於該做出什麼選擇感到困惑。參見流行性感冒（第247頁）。

• **感冒瘡**——感覺被剝奪，彷彿沒有得到想要的東西；因害怕被拒絕或不被喜歡而難以表達自己的慾望；覺得不自在、失望、憤怒；允許他人控制、操縱你，然後感覺他人令你失望、挫折、幻滅。

• **感染**——感覺被攻擊、侵入、混亂；不悅、惱怒、被威脅、削弱；放下防衛心；感覺脆弱；需要關注和休息。

• **暈車**——害怕失控；相信自己別無選擇；感覺受困、困惑。

• **痰（過多）**——感覺內在和外在充滿混沌、一切失去控制；難以說出真正的感受；試著當好人，壓抑自己的情感；一直控制自己和自己在他人身邊的舉止。

• **瘀青**——以劇烈的方式對生活做出反應；感覺缺乏透澈、犯下愚蠢的錯誤並責怪自己；自我懲罰。

• **經前症候群（PMS）**——憤怒、困惑、焦慮、恐懼、自我懷疑；因為覺得不會被接受，所以不說出自己的想法；沒有人傾聽你；挫折、不耐、不悅；感覺受困、不安全、被阻擋、不被尊重、不快樂；緊抓男性過去帶給你的傷害；感覺自卑；排斥自己的陰性能量；想要變得更陽性，因為你認為陽性象徵力量和權力。

- **經期方面的問題**——抗拒陰性特質；認為女性就是軟弱；總是自我批判；感覺無力，像個受害者；允許他人指使你；難以為自己挺身而出；太過嚴肅看待人生；在性愛方面背負羞恥與愧疚。
- **群眾及空曠恐懼症**——害怕失控；感覺不被支持；難以信任和求助；害怕他人會利用、傷害你；感覺像個受害者，囚禁在自己的身體、心理和遭遇之中；內在痛苦與掙扎；感覺到壓抑已久的憤怒、凍結的悲痛、無助與絕望；感覺人生給了你殘酷的一擊；想躲起來。
- **腦性麻痺**——對人生感到深深不適；感覺困頓、受限、無法表達自我；無法自在活在上天給予的身體裡，感覺無法控制身體；從出生便覺得招架不住；相信人生充滿掙扎、難以掌控、無法預料。
- **腦炎（病毒性）**——被大量的憤世嫉俗和刻苦艱難所包圍；思考太多，導致更多負面與挫折；不知道該轉到哪個方向；感覺招架不住、過度敏感、容易受環境所影響；想要逃走、躲起來，卻無處可去；太多事情同時發生；覺得被攻擊、侵入、批判、評斷、譴責。
- **腦瘤**——與自我的衝突；被負面和不安穩所包圍；責怪自己過去犯下的錯；感覺受困或失控，不知道如何改變。
- **腦膜炎**——感覺被攻擊、嚇到、驚嚇；難以應付人生；經歷內在混亂、筋疲力盡、困惑、混沌；感覺人生的流向使你失衡，彷彿周遭的一切都沒有用，彷彿世界已天翻地覆。

- **腫脹**——背負負面的信念和感受，在體內化膿，阻礙了健康與成功；壓抑過去的悲痛和痛苦，允許它們生長，直到身體腫起來；背負凍結的淚水，不讓它融化流出。
- **腫脹**——緊抓憤怒不放；想找個人怪罪；感覺自己像受害者，無助絕望；擔心太多，緊抓恐懼不放；不停自我懷疑、自我陷害；相信自己不夠好驚嚇、恐懼、創傷、忽視自我、無法履行承諾；打破跟自己和他人的約定；壓抑情感傷害；憤怒、報復和埋怨的感受；難以相信、信任他人；感覺不值得被愛；認為沒有人在乎你；羨慕、嫉妒他人。
- **腮腺炎**——難以接受他人充滿限制的信念和看法；不傾聽自己的智慧；感覺受到約束，無法傳達自己的創意想法；內在衝突；藏起自己真正的感受；覺得自己不夠好；感覺跟性愛有關的羞恥感。
- **腸胃潰瘍**——參見潰瘍（腸胃）（第276頁）。
- **腸躁症（IBS）**——失衡、太過嚴肅、控制慾強；專注在負面的事物上；愛評斷、堅持己見、容易不悅；難以信任他人；緊抓過時的信念和觀念不放；困惑、失去方向、不知道該轉到哪個方向。
- **腹部絞痛**——恐懼、憤怒、傷害；允許他人狠狠傷害你；責怪自己和他人；困在侷限的思維裡，看不見脫困的方法。參見絞痛（第265頁）。

- **腹瀉**——對於自己所做的決定感到不自在；不確定該如何求助；感覺無助、失落、不被支持、不安全、困惑；經歷恐懼與憂慮。參見痢疾（第263頁）。
- **腺樣增殖**——憤怒、家庭糾紛、感覺被冷落或不被愛；試圖停止負面能量和絕望的感覺。
- **運動員腳病**——不悅、憤怒與挫折，彷彿某個人或某件事激怒了你；覺得自己被拉住；未解的家庭憤怒；覺得不被接受、阻塞、困惑。
- **過度換氣**——恐懼、焦慮、不信任；相信人生不能給你你想要的；抗拒改變；覺得不確定、失控、混亂；太多事情同時發生；擔心、壓力、緊繃。
- **過重**——愧疚、羞恥、壓抑的情感；背負他人的問題和負擔；試圖掩飾過去的脆弱、傷害或欺侮遭遇；覺得自己不夠好；感覺困頓；用食物懲罰自己；試圖推開別人或跟他們保持距離；不允許發揚自己真正的美麗和精華；用體重做為一種保護；總是拖延。參見胖（第248頁）、肥胖症（第244頁）。
- **過動**——注意力分散、衝動、枯燥、不斷需要刺激與改變；因害怕錯失更有趣的東西而難以專心。
- **過敏**——他人使你感到不快、惡化；交出自己的力量；責怪人或事害你做出負面的反應；惦記傷害你的人；難以原諒，無法看見傷害中蘊含的福；允許自己被他人控制操縱，然後為懲罰他們而不給予愛與和善；不知道怎麼設立底線。參見食物過敏／敏感（第249頁）。

•**過輕**——缺少關愛的關注；發洩在自己身上，懲罰自己；愧疚、批判、不快樂、不贊同；阻止自己擴張成長。

•**絛蟲**——靠他人過活，允許他人利用你和你的資源；感覺他人正把你的生命能量吸走、控制你；心想：「我怎麼會捲入別人的問題和狗血劇情裡？」迫切需要奪回自己的力量、重新引導人生。

十四畫

•**厭食**——試圖控制人生，因此不給自己營養；對自己極為憤怒、憎惡、排斥；深信自我懲罰；不快樂的童年、痛苦的家庭生活；拒絕喜悅和樂趣；感覺沒有融入；無法傳達、處理自己的恐懼；日漸消瘦。

•**嘔吐**——背負的沉重、壓力和困頓超過身體所能負荷。

•**夢遊**——睡著後再也無法壓抑的精力；感覺失控；害怕向他人展現真實的自我；認為自己體內有不好或黑暗的東西，如果被人們發現，他們就會排斥、嘲笑、拋棄你；需要探索自我，讓隨興浮出表面。

- **慢性疲勞症候群**——抗拒人生；不知道怎麼拒絕別人；總是必須要做不想做的事使你感到挫折；希望自己身在他方；相信人生沉重艱辛，必須很辛勞才能到得了任何地方；把自己逼到極限；感覺困頓；忽視自己的身體、直覺和創造力；認為別人才是對的、握有答案；交出自己的力量。
- **慢性病**——感覺困頓，拒絕改變；從他人身上接收關注和支持，害怕自己一旦變好就會失去他們；不健康、自我憐憫、緊抓受害者心理不放、安然接受命運，這些都沒有讓你感覺有什麼不好；選擇放棄或不參與，因為人生太可怕、太嚴苛。
- **睡眠方面的問題（短期）**——思考太多；不確定如何關閉心思；感覺脆弱、不受保護、不安全、戒備；心想：「我要是睡著放鬆，就會有人傷害、利用我。」極度的恐懼和焦慮；感覺被威脅、無助；未解的問題。
- **睡眠呼吸中止症**——難以信任生命、放下；問題和壓力使你招架不住；壓抑憤怒、不悅、氣憤；內心十分氣憤；試著取悅他人，獲得他們的認同。
- **精神崩潰**——無法應付人生；內在混沌與困惑；別人想從你身上得到太多；感覺招架不住、緊繃、絕望；強烈的憤怒與恐懼；對自己失望；放棄，感覺自己很失敗。
- **精神錯亂**——無法應付人生或好好思考；覺得每個人都要把你逼瘋了；被逼到極限；全然的混亂、絕望、無助；情緒崩潰和退縮；感覺不被家人接受或者被他們欺侮；需要逃跑。

- **緊張**——溝通瓦解，訊息沒傳遞給對方；不傾聽自我；跟自己和他人失去連結；害怕評斷和拒絕；感覺需要表現給某人看或取悅某人；對自己和自己的能力感到不確定；害怕失敗；不信任。
- **膀胱癌**——對於自己的感受和作為感到不自在；對過去或當下的行為感到愧疚；內在衝突；需要設立底線、擁有自己的空間；對親近的人感到憤怒，卻沒有表達這些感受，而是把它們埋起來；深沉、未解的悲傷。參見癌症（第279頁）。
- **蜘蛛恐懼症**——感覺無助，像個受害者；缺乏內在力量或韌性；時常跟童年時期某個和蜘蛛有關的創傷有關。
- **遠視**——對過去感到失望；對當下感到幻滅、難以應付。
- **酸反流**——難以消化人生；所看、所感、所聽、所遇使你感到不自在；對於自己無法控制周遭發生的事感到惱怒挫折；對過去感到愧疚；對過去的選擇感到無能為力；抗拒人生，而非從經驗中學習。
- **鼻水**——逼迫、迫使、努力想讓事情發生，而非放下、允許事情自然發生；忽視自己的直覺和感受；靠理智而非感受和直覺來做決定；感覺疲憊、厭倦不斷地逼迫一切，卻又不知如何停下來；傾向干預他人的生活、給予你自己不會想接受的建議；遲疑、懷疑、沒有立定在自己的力量中。

- **鼻血**——感覺受傷、受害、被排斥；責怪他人；對於事情沒有依照你想要的方式進展感到深沉的憤怒和挫折；覺得自卑、羞愧、困惑；需要關注和照顧。
- **鼻涕倒流**——沉溺在憤怒、挫折、怨念與悲傷之中；把感受藏在內心，外表卻裝作冷漠、嚴厲、沒有彈性；深深壓抑著的痛苦和攻擊性；困在過去；活在幻想與美夢之中；深切渴望獲得救贖；阻止個人成長和進化。
- **鼻塞**——阻擋你的直覺；沒有傾聽身體或讓身體休息；需要自己的時間和空間；感覺被他人控制；對他人干涉你的人生和事務感到憤怒。
- **鼻竇炎**——經歷不悅、挫折、恐懼、不安全感；試著跟人保持距離；壓抑憤怒、氣憤和傷感的情緒；背負過去的深沉愧疚和悲傷；不確定如何處理困難的狀況；分析太多；感覺疲憊、被太多不同的方向拉扯；難以為自己和自己的信念挺身而出。

十五畫

- **噁心**——害怕，無法應付壓力；把問題壓下去，然後又需要釋放；有因為會感覺噁心所以不想看的創傷情況；有無法應付的事情。

• **憂鬱症**——生存的壓力；感覺招架不住、絕望、失望、幻滅；希望有人來拯救你；壓抑的憤怒和怨念；感覺像受害者，表現出來的樣子也是；把生命中不順遂的事都怪在他人身上；感覺缺乏動機和啟發；什麼都不想做；困在一個越來越黑暗的老故事裡。

• **暴食**——難以接收愛與照顧；持續的自我批判、愧疚和自我陷害；試圖掌控局勢；用食物把問題推開，而不去面對它們。

• **潰瘍（胃）**——負面展望；感覺沒有任何人或事使你快樂；不知道自己想要什麼或該如何照顧自己；感覺失落、孤單、孤立、被拋棄、被拒絕；不知如何接受愛、幫助或豐盛；太多擔憂和焦慮；害怕未來和改變。

• **潰瘍（腸胃）**——緊抓憤怒、恐懼、憎恨、氣憤、失望、悲痛、憤恨、傷感不放；擔心過頭，不信任人生；戒備、控制慾強；完美主義；感覺無助、無力、不值；背負無力招架的責任；因必須為他人做事而埋怨，特別是當他們不感激你時；自我陷害、自行加諸的痛苦；渴望報復。

• **複視**——長期承受的壓力；模糊、缺乏透澈；恐懼或內在衝突，導致你能看見一個以上的可能性；難以做出決定；懊悔；不確定該怎麼做；感覺受到威脅；警覺並注意可能出現的危險。

• **麩質不耐症**——難以消化、同化生命裡的重大事件，特別是童年時期發生的事；討厭自己的各個部位；想盡辦法避免正面衝突；忽略自己和身的感受；感覺困頓、被囚禁在自己的人生。

• 瘙癢——不喜歡你在做的事情或你身在的地方；等不及逃離這裡；容易不悅生氣；覺得自己得到不公平的待遇；不滿足；憤怒或埋怨。

• 僵硬——限制、困頓、恐懼；猶豫不決、控制慾強、完美主義；「不聽我的就滾開」的心態；做出自認正義的行徑，散發優越的態度，認為自己無所不知；無法用有建設性和正面的方式處理困難或錯誤。

十六畫

• 噯氣——參見嗝氣（第267頁）。

• 憩室炎（腸壁發炎）——有所保留，壓抑自己的情感、隱藏祕密；感覺被束縛、被侷限；難以釋放恐懼和壓力，放不下；覺得別無選擇，只得想辦法接受人生的命運；總是自我陷害；常常想放棄，心想：「嘗試有什麼意義，反正最後不都會失敗？」參見發炎（第263頁）。

- **燙傷**——感覺筋疲力盡或勞累；缺乏清晰；失去方向；對不聽從你或遵循你建議的人生氣；不耐煩。參見筋疲力盡（第264頁）。
- **蕁麻疹**——深沉的恐懼、不悅、內在爆炸；因事情不斷堆在你身上，你不知道該怎麼應付而感到招架不住；深沉的憤怒與怨念；感覺得不到想要的。
- **錢癬**——難以設立、維持底線；太常往外尋求他人的建議，而不向內探尋；自我陷害；對於自己做的選擇沒有助益感到挫折；感覺受限；渴望自由、隨興，卻感覺被束縛、被他人的力量擊倒、遭到算計；把力量交給一個只會揩你油、損耗你的能量的人。參見圓癬（第269頁）。
- **霍奇金氏淋巴瘤**——埋怨、自我控制、自我懲罰；太多承諾與責任；需要取悅他人；急著達到成就、受到認可；極度害怕失敗、害怕不夠好；緊抓有害的想法和信念不放。
- **靜脈曲張**——難以接受愛；阻礙自己前進的能力；感覺困頓、恐懼、無助、不被支持；被困住卻找不到出口的感覺；認為什麼都不順遂，不管嘗試什麼，都沒有任何事改變；感覺你活在謊言裡，沒有發揮全部的實力；太多壓力和責任；背負極大的負擔，使得雙腿再也無法支撐你；感到失望，特別是對自己的工作。
- **頭皮屑**——太多壓力；太多事情要做、太多人要取悅；人生的一切事物都在崩塌；一直處在事情滿檔的狀態，使你的精力和創意被榨乾。

• 頭痛——壓力、疲累、嚴肅，太多事情同時發生；感覺失控、招架不住、太過擁擠、挫折、遭人算計；自我批判、自我陷害、貶低自我的正當性，評斷自己和他人；思考、分析太多。參見叢集性頭痛（第281頁）、偏頭痛（第256頁）。

• 頭暈——覺得超載、不穩、失衡，彷彿難以找到自己的方向；事情似乎總是跟你所希望或預期的不同；感覺不安全、散亂、負荷重；想要身在他方；難以接受現況；不斷繞圈子，不確定該走哪個方向或該有什麼改變。

• 頸部僵硬——跟人之間的問題；侷限的觀點使你感到困頓；難以承諾；倍感壓力，好像有人在向你施壓，做你不想做的事情；思考太多；試圖剖析，而非感受。

• 嘴唇乾裂——害怕犯錯，給人錯誤的印象；感覺枯燥；諷刺；不安全感和削弱的自信。

十七畫

• 濕疹——覺得不被接受，需要躲起來壓抑自己的情緒；與他人互動使你更惡化；因無法隨心所欲而暴怒；憋氣；停滯感。

• 癌症——感覺侷限、憤怒、恐懼、失控；背負過去的傷痕；感覺不夠好、退縮、從內攻擊自己；感覺愧疚、悲痛和不確定感在吞噬你的身體；戒備，永遠無法放鬆、放下；時常逼自己做應付不來的事；試圖取悅他人、不斷尋求認同。參見膀胱癌（第274頁）、骨癌（第255頁）、乳癌、乳房囊腫／腫塊（第241頁）、子宮頸癌（第227頁）、白血病（第233頁）、肺癌（第244頁）、淋巴瘤（第258頁）、卵巢癌（第238頁）、攝護腺癌（第283頁）、皮膚癌（第234頁）。

• **膽石**——隨著時間硬化的悲痛；埋怨、不悅、憂鬱的感受；對自己在這世界上的成就感到失望；不是有所保留，就是爆發怒火；感覺受傷，試圖針對自己的痛苦和磨難找個人來責怪；難以原諒。

• **膽固醇**——感覺脆弱、需要被保護；藏有祕密；總是覺得受到威脅，隨時準備戰鬥；總是戒備，認為有壞事要發生；緊抓過去的痛苦和限制不放，以緩衝下一次的打擊；缺乏喜悅、樂趣和笑聲；背負太多緊張的能量，太容易感到不悅。

• **膿瘍**——不快、挫折、停滯、腫脹；持續重播過去的傷害與批判；負面的人生觀；化膿發炎的憤怒情緒；抑制你不想看見的事物，即使它不斷浮現。參見肛門膿瘍（第239頁）。

• **闌尾炎**——失去力量；感覺得不到想要的；拒絕人生；感覺氣餒、恐懼、憤怒、沒有啟發。

• **黏液囊炎**——感覺困在某個模式之中；難以跳脫舒適圈；恐懼和為了前進所必須做的一切使你招架不住；感覺枯燥、不滿、憤怒、沒有啟發；背負正將你吞噬的內在衝突；失去方向；感覺無力。

十八畫

• **叢集性頭痛**——挫折、批判、憤怒；懷疑別人在背後捅你一刀；戒備；對自己和他人感到失望；思考太多；想為自己挺身而出，卻不知道該怎麼做；感覺被從四面八方攻擊、批判；太多事情同時發生；不知何時該停止；不相信自己。參見頭痛（第278頁）、偏頭痛（第256頁）。

• **癤**——小心控制著的沸騰怒火；對於自己在做的或得做的事情感到不自在；對於人生的命運感到深沉的怨念和憤恨；覺得不公平、不公義；傾向責怪他人。

• **瞼炎**——挫折、憤怒、內在衝突；難以保護、力挺自己；懷疑；根據所見、而非所感和所知來改變主意。參見發炎（第263頁）。

• **雞眼**——對未來感到不自在；害怕前進；抗拒生命的自然流動；害怕失敗；急著取悅他人，以獲得認同。

• **顏面神經麻痺**——抗拒難以應付的情況或人；壓力太大；困頓；麻木你的感受；拒絕傾聽他人或以不同的方式看待一個狀況；覺得軟弱、挫敗、受困；擔心別人如何看自己；戴面具。

• **鵝口瘡**——參見念珠菌（第242頁）。

十九畫

• **壞疽**——感覺人生不值得過下去；懷抱負面能量、總是抱怨不停、憎惡自我；抗拒人生，覺得好像跟喜悅中斷了；生命力量凋零；自我毀滅。

• **藥物成癮**——需要依靠某種衝擊來拯救你、帶走痛苦、幫助你應付一切；逃離人生的苦難；無法應付或求助；害怕未知。

• **鏈球菌咽喉炎**——憤怒、氣憤、傷害、憎恨、固執；感覺自卑；不知道怎麼拒絕他人或為自己挺身而出，縱使內心已經快要爆發；沒有傾聽自己的指引；害怕未來和生存的方式。參見喉嚨痛（第264頁）。

• **關節方面的問題**——壓抑或推開傷害、悲傷和挫折；感覺寂寞、不受保護、疲倦；困在過時的信念裡；缺乏彈性和創意；抗拒前進；自以為正義。

• **關節炎**——緊抓過去的憤怒和怨念不放；背負愧疚、懊悔和羞恥；難以原諒自己和他人；抱怨生活；擔心卻又不想改變；感覺困頓受限。

• **類風濕關節炎**——拒斥自我、批判、困頓、負面、固執；「不聽我的就滾開」的心態；嚴肅、死板、控制慾強；完美主義；一切似乎都不夠好；內在沒有彈性，使你和你的關節阻塞、發炎、疼痛；緊抓過去的痛苦、悲傷、懊悔或愧疚不放；拒絕改變。

二十畫

- **躁鬱症**——極度的失衡、壓力、創傷；可能兒時受到極大的震撼，像是家中有人死亡、離婚、出意外，或是看見親朋好友忍受不治之症；覺得不屬於這裡；想要身在他處；覺得被控制支配，想要掙脫；害怕某個不好或黑暗的東西住在體內，而你無法控制它；許多你不知道該如何應付的內在攻擊性和挫折。

二十一畫

- **攝護腺癌**——在工作和財務方面掙扎；趕到困惑、猶豫不決；感覺招架不住、不被想要、被拒絕、羞恥、無助；害怕變老；允許他人左右你的價值；害怕失敗。參見癌症（第279頁）。
- **鐮狀細胞性貧血**——感覺困頓、焦慮、困惑；陷入棘手的處境，難以脫身；阻礙生命的流動；把事情變得很困難；專注在掙扎和膚淺上；沒有深入發掘真正的自己；做事提不起勁。

二十二畫

• **囊腫**——未實現的夢想；緊抓悔恨不放，使你無法前進；害怕被傷害和被利用；緊抓過去的失望和失敗不放；相信恐懼和錯誤的觀念；讓疑心和限制支配自己的人生。參見乳房囊腫／腫塊（第240頁）、纖維瘤／囊腫、卵巢囊腫（第238頁）。

• **囊腫纖維化**——相信人生太過複雜；覺得自己無法成功；什麼都不順遂，也沒有任何人了解或支持你；覺得自己是受害者；緊抓怨念、憤怒以及自己一定有什麼問題的想法不放，任何自己本身就是個錯誤，沒有人想要你。

二十三畫

• **竊盜癖**——感覺憂鬱、被忽視、不被接受；需要關注；自我憎惡、愧疚、羞恥、自我懲罰；內在衝突、不快樂；需要刺激。

• **纖維肌痛**——感覺沒人要、被生活中的挑戰擊倒、充滿壓力；沒力氣起床、支撐下去；太多事要做，卻沒有足夠的時間和精力；人生感覺像一場仗；感覺困頓、抗拒成長、移動和探險；滿溢悲傷、懊悔、愧疚與擔憂；感覺憂鬱、壓抑、戒備。

• **纖維瘤／囊腫**——緊抓過去的傷害和懊悔不放；偷偷渴望報復；感覺失去力量、像受害者，被迫去做自己不想做的事；懷抱過去的失望和失敗。參見囊腫（第284頁）。

• **體臭**——感覺不自在、被他人拒絕、嘲笑、不被接受；害怕他人對自己的評斷；深沉的自我批判和自我厭惡。

• **黴菌**——不悅；沒有底線；允許他人吸取你的精力，相信陳腐老舊的觀念；做自己不認同的事；感覺被操縱或被迫進入你想進入的處境；家庭祕密在你的皮膚或指甲之下化膿潰爛。

二十四畫

• **癱瘓**——無法應付人生的壓力與責任；抗拒改變；困頓；認為別無選擇、沒有出路；覺得沒人要；家人或朋友拒絕你；感覺被忽視、忽略；害怕未來；創傷經歷的驚嚇貯存在體內。

• **癲癇**——覺得被攻擊、批判、宣判某種命運；生命失衡；感覺被忽略、錯待、拋棄、侵犯、沒人要；相信自己有問題。

二十五畫

• 髖骨方面的問題——太多責任；背負著他人與問題，負擔的感覺；太多挫折與愧疚；感覺不被重視、承認、支持、賞識；感覺被否決、操縱、利用、佔便宜；無法前進。

Chapter3

情緒
的祕密語言

The secret language
of your emotions

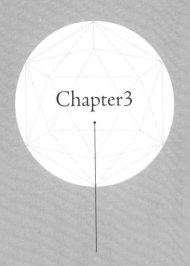

了解、治癒造成疾病的情緒

在這個章節，你會找到簡短的說明，描述情緒如何透過各種疾病和病痛影響我們的健康和生命經驗。

許多人會無意識地壓抑不愉快的情緒，以此作為一種保護機制，因為在某種程度上，我們相信自己無法應付痛苦或其他各式各樣的感受。我從客戶的經驗和自己的人生中發現，不允許自己感受情緒或對情緒加以壓抑，情緒並不會就這樣消失。情緒常常會待在體內，直到我們發現、承認、釋放它。假使這個過程沒有發生，厚重、沉重的情緒就有可能導致疾病與失調。

我曾經治療過許多情緒停滯了三十、四十、五十年（甚至更久）之後才被發現的客戶，這些情緒為他們帶來許多困難、不快樂和不健康，直到他們有辦法釋放這些情緒了，情況才好轉。

蘿倫啟發人心的故事就是一個例子。她六十五歲的時候來找我，但其實她從十歲就開始憂鬱了。蘿倫覺得自己必須取悅所有人才能被接受，而且她也不懂得拒絕別人。發現自己身上承擔的負荷之後，她開始經常練習書中收錄的一些情緒淨化療法。短時間後，蘿倫幾乎變了一個人。她抬頭挺胸站著，感覺充滿力量，說話很有自信，就好像她要說的話很有分量一樣。她開始適切地拒絕他人，並且允許自己抬頭挺胸。最重要的是，她很享受做自己。

在蘿倫戲劇化的轉變之後，人們開始說她看起來氣色很好、很快樂，他們很喜歡跟她相處。她開始接觸較年輕的族群，激勵他們做到最好。終於跟真實的自己建立連結後，蘿倫放下加諸在自己身上的各種限制，開始過著她一直嚮往的充滿啟發的充實人生。

另一位客戶泰絲多年來飽受頻繁的頭痛所苦。年輕時，她的母親非常喜歡評斷她，因此泰絲也變得愛批判自我、沒安全感、控制慾強。泰絲發覺自己擁有這些特質後，開始運用相關療法來淨化，不到數週，頭痛的情形就停止了。泰絲治療了自己的許多層面，好讓自己的情緒感覺更平衡。她甚至教導自己年幼的孩子以療癒的方式表達情感，而這對他們的病痛也產生了正面效果。

剛開始治療傑森時，他不但過重，還有嚴重的背痛和腹部絞痛情形。他在一家企業工作了十七年，最近剛離婚。家庭破裂這件事，使他在體內背負了許多愧疚和埋怨。他發現，想要向前進、跟前妻與孩子重新建立健康的關係，他就必須釋放憤怒、怨念和愧疚，才能為生活帶來更多平靜與寬恕。傑森甩掉怨念和愧疚的同時，也甩了十五公斤。背痛和腹部絞痛的情形消失了，他對自己和他人的需求也變得更加敏感。他的孩子也因此受益，因為他開始好好跟他們相處，教導他們傾聽、表達自己的感受。

從這些客戶的經驗可以知道，使用這些淨化療法通常會對家人、朋友以及所有你接觸的人產生巨大的影響。懷著緊張或充滿壓力的情緒去到一個地方，然後遇見啟發你改變或讓你感覺很棒的人，這種狀況有多常發生在你身上？過去，你可能覺得自己別無選擇，因為你不知道怎麼改變，但是現在，你有了這些工具。我希望這些成功的故事可以鼓勵你行動，運用這些療法轉變你自己的人生。我相信，只要被賦予正確的工具，我們每個人都有能力經歷平靜、清澈和喜悅。我曾治療過數千人，他們都是使用這些簡單的練習改變了自己的人生。我很希望你也可以成為其中一人。

要在一本書裡收錄所有艱難的情緒實在太難，因此我想提供一個通用練習，讓你應用在任何一種想釋放的情緒。為了進一步協助，我製作了免費的錄音檔，可以幫你釋放困住的情緒，只要上我的網站就能找到。網址列在書末。

辨識、釋放不健康情緒的練習

第三章大部分的內容是在教你釋放厚重、不健康的情緒，進而實現療癒，但在釋放情緒之前，必須要先能辨識它。雖然我會講到正面和負面的能量，但是有一點務必記住，那就是情緒本身並不會不健康或負面。所有的情緒都很重要，是天賜的禮物。因此，針對療癒的目的，所謂健康和不健康的情緒，其實是當你緊抓這些情緒不放或長時間困在這些情緒裡，你的健康將會受到影響，並且導致疾病。每一種情緒都包含一個教訓或禮物讓你去尋找。要做這個練習，請找一個安靜、舒適的地方，手邊放好紙筆，接著這樣做：

1. 跟情緒連結。把注意力轉向內在，留意有哪些身體部位貯存了沉重的情緒。
2. 察覺到哪個部位受到影響時，把手放在那裡，氣息帶到該情緒一、兩分鐘。呼吸的同時，問問這個感受是否有什麼訊息想傳遞給你。
3. 傾聽回應。你可能會聽到一個字詞，點出你反覆經歷的某件事，或者你可能想起生命中某個艱難的經歷，是你尚未表達或治好的。無論是什麼樣的經歷，都不要做出評斷。
4. 寫下收到的任何回答，探索其重要性。完成每一節敘述的淨化練習，直到你感覺這些情緒的厚重與負面從體內釋放出來，由擴張的意識、光芒和平靜所取代。
5. 清除情緒裡的負面能量後，完成每一個淨化練習最後列出的對應正面情緒，這可以幫助你將體內的能量從負面轉變成正面。此外，關於正面情緒——如自信、喜悅、平靜等等的練習情緒也可以單獨使用，幫助我們鞏固這些感受。

釋放不健康的情緒

辨識不健康的情緒之後，找到對應的章節，進行釋放該情緒的練習。在說出練習所收錄的句子時，要讓自己真正去感受說出來的話。把那些句子大聲唸出來，以感受這些文字的強大力量。如果不能大聲唸出來，就單純閱讀或小聲地唸，專心留意每一個字帶來的影響。

同樣地，想像或感覺橘紅色在體內竄流，淨化它。我建議使用橘光來清除厚重或沉重的情緒，因為這個顏色能夠將情緒帶到表面進行治療與轉變。

在「情緒的祕密語言」工作坊裡，我發現音樂非常有助於釋放人們感受到的許多艱難情緒。例如，感到憤怒或挫折時，隨著大聲的音樂用力晃動身體，有助於釋放這些能量，使練習更有成效；如果感到困頓，隨著流動飄揚的音樂做出輕柔流水的動作，有助於頭腦找到新方法來看待困住你的挑戰或處境；想要釋放控制，一邊進行斷奏的動作、一邊想像自己擺脫控制的枷鎖會有幫助。總而言之，你要發揮創意，結合氣息、動作、感受、觸覺和想像。

憤怒

憤怒通常是來自正義感、恐懼或評斷等人們感覺自己受到委屈或沒有得到想要的東西時湧現的感受。他們不負起責任，而是責怪他人。憤怒會讓人產生一種握有力量的錯覺，讓他們覺得自己批判、鎮壓、厭惡、埋怨他人很有理。憤怒的人覺得自己有權利跟別人爭吵、傷害別人或對人不好。

另一方面，憤怒可以是改變和轉變的催化劑，強化熱忱、興奮感和熱情。假如人生有什麼不順遂的事，讓你很憤怒，這種情緒可以給你擺脫憂鬱、無力、招架不住的感覺等病痛的機會。然而，長時間下來，憤怒會榨乾精力和生命能量。長期的憤怒會讓一個人感覺疲累、虛弱、不快樂、筋疲力盡。

未解的憤怒會造成高血壓、發炎、乾癬、鼻竇炎、腫瘤、癌症、經前症候群、肺炎、圓癬、潰瘍等。

釋放憤怒的療法

- 雙手放在憤怒的感覺最強烈的身體部位，把氣息帶到這裡幾秒鐘，允許任何情緒在毫無阻力的情況下浮現。
- 雙手放鬆。
- 說：「神聖療癒智慧，請把橘紅色的淨化之火灌入我存在的每一個緊抓憤怒、憎恨、傷害和報復念頭不放的層面。請化解一切的恐懼、麻木、氣憤和評斷的感受。請讓我找到表達和放下憤怒的療癒新方式。請幫助我明白憤怒不是我，而是我深信、害怕釋放的一種情緒。但是現在，我已經準備接納更好、更柔軟、更健康的東西。我願意將憤怒化為平靜。謝謝你。」

- 反覆說「清空」一詞，直到你感覺比較輕盈。
- 看著橘紅色火焰竄流身體、心靈、情感和能量的場域，開始化解一切憤怒、氣憤、優越、評斷、麻木和恐懼的負面想法、文字、感受、回憶和影像。
- 運用第336頁的平靜療法帶回平靜與寧靜的感受。

焦慮——參見恐懼（第303頁）。
攻擊——參見批判（第298頁）。

控制

許多人會試圖控制自己和周遭的人，結果卻限制了自己和機會，創造許多壓力、擔憂和緊繃。控制的需要源自人們認為自己的人生無法完美，除非他們能左右、支配他人的行為。他們相信自己需要創造一大堆規定來指揮自己和他人的人生。控制需求和完美主義表示你對自己和他人缺乏信任和信心，這會使你受限，跟內心失去連結。

當想要控制的人或經驗沒有順從他們的意志，控制往往就會變成攻擊性。控制慾強的人害怕隨興、創造力、想像力和樂趣，因為這些東西會瓦解壓抑、侷限和限制。

在生理層次上，控制會帶來腦瘤、粉刺、群眾及空曠恐懼症、過敏、厭食、氣喘、禿頭、暴食、癌症、耳聾、糖尿病、冷凍肩、性冷感、痛風、疝氣、霍奇金氏淋巴瘤、發炎、腸躁症、偏頭痛、卵巢癌、神經質、帕金森氏症、重複性勞損、頭痛和潰瘍等。

釋放控制的療法

- 雙手放在控制的感覺最強烈的身體部位，把氣息帶到這裡幾秒鐘，允許任何情緒在毫無阻力的情況下浮現。
- 雙手放鬆。
- 說：「神聖療癒智慧，請用橘紅色火焰化解我控制、操縱與支配的需求。請幫助我釋放遵守規定、希望一切按照我的想法走的壓力。請讓我擺脫控制他人或被控制的輪迴。請幫助我變得更有彈性、擴張、隨興和開放。謝謝你。」
- 反覆說「清空」一詞，直到你感覺比較輕盈。
- 看著橘紅色火焰竄流身體、心靈、情感和能量的場域，開始清除、化解一切控制和操縱的負面想法、文字、感受、回憶和影像。讓自己經歷選擇、創意和隨興的自由。

- 進行第332頁的自由療法帶回自由與選擇的感受。

批判

每當你批判、鄙視自我或是認同他人對你的批判，身體就會開始失去生命能量，進而衰弱。骨頭和肌肉難以支撐批判和負面的重量，然後就會退化。

害怕批判就像害怕失敗一樣，會阻止你聽從自己的心，人生就會不那麼有趣好玩。長期遭到批判攻擊通常會導致自尊和自我價值感低落，進而導致憂鬱。

無論是在批判他人或接受他人的批判，都是將能量之刃刺入自己的心裡，限制自己、遠離自己的力量。所謂「在背後捅一刀」講的就是批判他人的行為。長期批判會造成神經系統失調、心臟病發、痔瘡、肝臟方面的問題和肝炎。

釋放批判的療法

- 雙手放在被攻擊和批判的感覺最強烈的身體部位，把氣息帶到這裡幾秒鐘，允許任何情緒在毫無阻力的情況下浮現。

- 雙手放鬆。
- 說：「神聖療癒智慧，請用橘紅色的淨化之火化解身體和意識裡的一切攻擊、批判、軟弱、不悅、憤怒的想法、感受和經驗。請化解我背後的一切能量攻擊和刀刃。請幫助我釋放責備、羞恥、限制和所有我從他人那裡獲得的負面設定。在我心中喚醒勇氣、同情和對自己的信心。謝謝你。」
- 反覆說「清空」一詞，直到你感覺比較輕盈。
- 看著橘紅色火焰竄流身體、心靈、情感和能量的場域，開始化解一切批判、攻擊、負面設定、軟弱和限制的負面想法、文字、感受、回憶和影像。
- 進行第 329 頁的鼓勵療法帶回讚美與鼓舞的感受。

憂鬱

憂鬱已經成為許多人的大問題，因為餬口的壓力和在越來越複雜的社會中生存的壓力使他們招架不住。

絕望和憂鬱源自深沉的失望、背叛、失去所愛之人、失敗、轉向內在的憤怒、意外、重大創傷或生理上的病症。憂鬱會使你感覺無助、被誤導、困惑、疲累和哀傷。你可能會覺得生命已經失去意義、變得昏暗、黑白、沒有意思。你可能會覺得被困在心裡的黑暗之中，難以看見出口。

然而，憂鬱也讓你有機會連結內心一些你尚未接受或一直抑制的層面。好好處理這些層面，不僅能讓你更認識自我，也會帶來深刻的療癒與轉變。

生理上，憂鬱會造成胸、肺、血液、膽囊、膽石、攝護腺方面的問題，以及背痛、酗酒、強迫進食、脊柱側彎、關節僵硬、膿瘍、阿茲海默症、健忘等許多病症。

釋放憂鬱的療法

- 雙手放在憂鬱的感覺最強烈的身體部位，把氣息帶到這裡幾秒鐘，允許任何情緒在毫無阻力的情況下浮現。
- 雙手放鬆。
- 說：「神聖療癒智慧，請用橘紅色光芒從我體內掃除一切的憂鬱、失望、昏暗和無助。請幫助我找到離開這沉重陰鬱狀態的出路，並更新我的生命能量，讓我開始看見生命光明的一面，充滿喜悅、笑聲和樂趣。請恢復我對生命的熱情和渴望，讓我為人類付出奉獻，回饋我有福氣收到的所有善意和幫助。謝謝你。」
- 反覆說「清空」一詞，直到你感覺比較輕盈。

- 看著橘紅色光芒竄流身體、心靈、情感和能量的場域，開始清除、化解一切憂鬱和失望的負面想法、文字、感受、回憶和影像。
- 進行第335頁的喜悅療法帶回喜悅與快活的感受。

歧視——參見評斷（第315頁）。

羡慕——參見嫉妒（第314頁）。

失敗

許多人會將自己的努力貼上失敗的標籤，用這個標籤當作不再追尋目標的藉口。或者，他們會用害怕失敗這個藉口，認為自己的夢想太難或不可能實現。當人們感覺自己失敗了，便會經歷失望，進而造成憂鬱和絕望。

失敗的正面效果是，讓我們有機會發掘不同的方式來達到我們想要的。它能啟發我們發揮創意，將過往的失敗視為通往成功的踏腳石。我們可以反思自己從困境中學到了什麼，然後帶著更大的自信和對自己的信念往前進。

在生理層次上，失敗會導致遠視、膽石、精神崩潰、脊柱側彎、感冒瘡、中風、攝護腺癌、背痛、血壓方面的問題、強迫進食、結膜炎、囊腫、纖維瘤、冷凍肩、心臟阻塞、霍奇金氏淋巴瘤、消化不良、腎結石、肥胖症、帕金森氏症等病症。

釋放失敗的療法

- 雙手放在失敗和失望的感覺最強烈的身體部位，把氣息帶到這裡幾秒鐘，允許任何情緒在毫無阻力的情況下浮現。
- 雙手放鬆。
- 說：「神聖療癒智慧，請用橘紅色光劍切斷一切害怕、擔心和焦慮失敗會使我無法達成目標的感受。請釋放、化解過去的失望和挫折。請讓我帶著對自己和自己成功做到完美事物的能力的全新信心向前衝刺，為自己和他人的生命做出貢獻。請幫助我察覺失敗可以化為成功。請提醒我感恩生命中已存在的成就，並打開大門迎接更多成功。謝謝你。」
- 反覆說「清空」一詞，直到你感覺比較輕盈。
- 看著橘紅色光劍竄流身體、心靈、情感和能量的場域，開始切除、化解一切失敗、失望和挫折的負面想法、文字、感受、回憶和影像。
- 進行第３４０頁的成功療法帶回成功與實現的感受。

恐懼

人們常因為過去的經驗而害怕未來。充滿恐懼的人能夠做出背叛、說謊、偏見、變節、責備、拒絕、傷害和暴力的行為。恐懼使人困在負面情緒裡，創造驚嚇、焦慮、壓力和擔憂。恐懼也會抑制改變和進展，因為許多人會對已知的事物感到安心，害怕改變會使他們困在原地、害怕前進。恐懼控制、癱瘓、囚禁一個人。它使人無法行動、相信自我，以及達成目標。它不斷創造挫折，害一個人的努力徒勞，使他們感覺無力。恐懼也會創造分離和脆弱的感覺，讓人擔心他人的力量凌駕於自己之上。恐懼損害判斷、蒙蔽思考、限制——甚至阻擋——愛人及經歷平靜和喜悅的能力。

恐懼會帶來許多健康問題，包括潰瘍、泌尿道感染、性病、腫瘤、癌症、失眠、鼻竇炎、坐骨神經痛、背痛、帕金森氏症、強迫症、陽痿、肝炎、痔瘡、糖尿病、囊腫、厭食、群眾及空曠恐懼症。

釋放恐懼的療法

- 雙手放在恐懼的感覺最強烈的身體部位，把氣息帶到這裡幾秒鐘，允許任何情緒在毫無阻力的情況下浮現。

- 雙手放鬆。
- 說：「神聖療癒智慧，請用橘紅色的淨化之火化解一切恐懼、焦慮、擔憂和無力。請幫助我釋放無助、絕望、背叛和創傷的感受。請幫助我在每一個困境中找到福報，專注在最好的結果。謝謝你。」
- 反覆說「清空」一詞，直到你感覺比較輕盈。
- 看著橘紅色火焰竄流身體、心靈、情感和能量的場域，開始化解一切恐懼、焦慮、擔憂和無力的負面想法、文字、感受、回憶和影像。
- 進行第335頁的愛療法帶回愛與力量的感受。

招架不住

在現代社會，龐大的資訊和選項很容易就會使人招架不住。資訊超載常會導致困惑、不確定和混亂感。

許多人身上背負的責任都越來越大、越來越重，總是有很多事要做，卻沒有足夠的時間和資源可以完成。試圖做太多事的壓力變得令人無法招架，造成壓力和疲憊。

生理上，招架不住的感覺會造成背痛、乳房方面的問題、頭痛、肩膀和腳踝方面的問題、阿茲海默症、發昏、感冒、耳聾、青光眼、精神崩潰、攝護腺癌、疾病發作、衰老、中風和潰瘍。

釋放招架不住的療法

- 雙手放在招架不住的感覺最強烈的身體部位，把氣息帶到這裡幾秒鐘，允許任何情緒在毫無阻力的情況下浮現。
- 雙手放鬆。
- 說：「神聖療癒智慧，請用橘紅色火焰掃過全身，清除一切的壓力、疲憊和招架不住的感受。請幫助我放下身上背負的沉重負擔，讓我看見人生光明、平衡的那一面。請幫助我將混亂化為秩序、不確定性化為自我信念、困惑化為透徹。請讓我找到人生的平衡，使我接受、享受生命旅程的每一步。謝謝你。」
- 反覆說「清空」一詞，直到你感覺比較輕盈。
- 看著橘紅色火焰竄流身體、心靈、情感和能量的場域，開始清除、化解一切困惑和混亂的負面想法、文字、感受、回憶和影像。
- 進行第327頁的透澈療法帶回平衡與透澈的感受。

挫折

挫折是最常見的情緒之一，包含不耐煩、掙扎、痛苦、不悅等元素。通常，人們會在事情不順遂、覺得情況不應該是這樣或者必須等待某件事發生時感到挫折。長期挫折會變成攻擊性、不悅、怒氣和攻擊。

挫折正向的一面是，它可以成為你改變生活方式的驅動力。

生理上，挫折會造成眼睛、足部（包括運動員腳病）、膽囊、大腸、鼻竇、皮膚方面的問題、結節、乳糜瀉和睡眠呼吸中止症。

釋放挫折的療法

- 雙手放在挫折或不悅的感覺最強烈的身體部位，把氣息帶到這裡幾秒鐘，允許任何情緒在毫無阻力的情況下浮現。
- 雙手放鬆。
- 說：「神聖療癒智慧，請用橘紅色火焰竄過身體的每個部位，化解一切挫折、不悅和惡化的感受、想法和模式。請掃除住在我意識裡的一切不耐、掙扎和痛苦。請讓我將挫折化為靈感和熱忱的行動。請幫助我導向行動可以成真的方向，讓我因成就而感到知足。謝謝你。」

- 反覆說「清空」一詞，直到你感覺比較輕盈。
- 看著橘紅色火焰竄流身體、心靈、情感和能量的場域，開始清除、化解一切挫折、不悅和惡化的負面想法、文字、感受、回憶和影像。
- 進行第339頁的知足療法帶回知足與啟發的感受。

悲傷

人們覺得自己失去某樣東西時，通常會感到悲傷。悲傷雖是療癒很重要的一環，但若受到壓抑，就有可能導致憂鬱、受害者情結、自憐、絕望、責備、不快樂和不適。

許多人會因失去所愛之人、工作、機會、年輕歲月或婚姻破裂而感到悲傷。搬到別的國家、離開親朋好友，可能也會引起類似的悲痛，那是源自無法融入和孤立的感覺以及身分認同的喪失。

我們一定要認出並表達悲傷和悲痛，才能夠治癒。失去有時候是極為難熬的。每個人處理失去的方式都不同，雖然療癒的時間長短不一樣，但若長期感到悲傷和悲痛，就會使你專注在過去，無法前進。

悲傷、悲痛和失去會造成鼻竇炎、肺炎、冷凍肩、腎臟問題、卵巢囊腫、肌肉失養症、帕金森氏症、失憶、下背疼痛、腕隧道症候群、腸躁症、痔瘡、心臟問題、貧血等病症。

釋放悲傷的療法

- 雙手放在悲傷的感覺最強烈的身體部位，把氣息帶到這裡幾秒鐘，允許任何情緒在毫無阻力的情況下浮現。
- 雙手放鬆。
- 說：「神聖療癒智慧，請用橘紅色的淨化之火幫我治癒一切悲傷、悲痛和失去。請幫助我釋放一切責備、自憐、困惑和不快樂。請化解我感受到的劇烈痛苦、渴望和憂鬱。請讓我看見悲傷和悲痛隱藏的福分，變得更有智慧、更強大。謝謝你。」
- 反覆說「清空」一詞，直到你感覺比較輕盈。
- 看著橘紅色火焰竄流身體、心靈、情感和能量的場域，開始清除、化解一切悲傷、悲痛、責怪和自憐的負面想法、文字、感受、回憶和影像。
- 進行第333頁的快樂療法帶回快樂的感受。

愧疚

司法體系是建立在有錯和無錯的概念之上，我們也知道過錯會帶來重大的後果。無論有意識或無意識，過錯都跟懲罰、監獄、服刑有關。過錯也需要經過審判者的評斷來加以確認，而這會造成羞恥和丟臉的感受。過錯帶來的愧疚和羞恥感會啃食一個人，因為許多人都抱持著自己應該被懲罰的自我陷害心理。

工作過度、工作不夠、沒花足夠的時間陪伴孩子、花太多錢、喝太多酒等，都會使人感到有錯、愧疚。就連放鬆、休息、擁有比別人多的金錢或奢侈，也會導致愧疚感。除此之外，愧疚常常會鼓勵人們做出使他們愧疚的事。吃甜食或垃圾食物就是最簡單的例子——越是對這種行為感到愧疚，人們越是想這麼做。

所有的愧疚都是一樣的，會為身心靈帶來毀滅。它讓你被枷鎖綑綁，無法幫助你改變和發現自由。

愧疚跟髖部相關問題、偏頭痛、體重問題、性病、骨質疏鬆、帕金森氏症、失眠、鼻竇炎、陽痿、疝氣和心臟病有關。

釋放愧疚的療法

- 雙手放在愧疚的感覺最強烈的身體部位，把氣息帶到這裡幾秒鐘，允許任何情緒在毫無阻力的情況下浮現。
- 雙手放鬆。
- 說：「神聖療癒智慧，請用橘紅色的淨化之火化解我意識裡的一切愧疚、懊悔和評斷的想法、感受和回憶。請幫助我放下自我懲罰、限制和自我陷害。請跟我一起攜手釋放羞恥、丟臉和毀滅的模式。現在，我願意放下所有壓垮我的沉重負擔，讓自己自由。謝謝你。」
- 反覆說「清空」一詞，直到你感覺比較輕盈。
- 看著橘紅色火焰竄流身體、心靈、情感和能量的場域，開始化解一切愧疚、自我懲罰、評斷和懊悔的負面想法、文字、感受、回憶和影像。
- 進行第334頁的純真療法帶回純真和純淨的感受。

憎恨會透過許多方式展現，常常是源自對不同社區、宗教、文化或國家的人所抱持的恐懼感。憎恨有時會從一代傳到下一代，而個人憎恨則是源自傷害、憤怒和怨念。深沉的愛最後若以傷害或心碎作結，而當事人拒絕把誤會溝通開來、原諒過去發生的事，就可能會化為憎恨。

憎恨十分醜陋，總是會帶來痛苦和折磨。它讓人們冷酷、疏離、害怕、焦慮、凶狠，並能做出暴力、充滿敵意、殘酷的行為。有時，人們緊抓憎恨不放，是因為這讓他們產生握有權力和歸屬的錯覺，讓他們感覺自己沒有錯、很優越。

憎恨會剝奪力量、限制、造成停滯，關上人們的心房，使靈魂無法充分表達並經歷愛、寬恕、親密和仁慈的力量。長期下來，憎恨會使一個人的身體腐敗，讓他感到憤恨、絕望、無助。在生理層次上，憎恨會導致心臟病、呼吸道方面的問題、胃灼熱、高血壓、疣以及肺部和肝臟方面的問題。

釋放憎恨的療法

- 雙手放在憎恨的感覺最強烈的身體部位，把氣息帶到這裡幾秒鐘，允許任何情緒在毫無阻力的情況下浮現。
- 雙手放鬆。

- 說：「神聖療癒智慧，請用橘紅色的淨化之火將我從對【人或事的稱呼】的有害憎恨之中解放。我請求橘紅色的火焰燃燒、化解一切使我的身體和人生沉重、受限和停滯的憤怒、恐懼、傷害、痛苦和怨念。請允許我看見這個狀況的光明和智慧，並幫助我將憎恨化為同情、恐懼化為愛、疏離化為關懷、恨意化為善意。請給我一雙新的眼睛和新的觀點，讓我改變看待這個狀況的方式。謝謝你。」
- 反覆說「清空」一詞，直到你感覺比較輕盈。
- 看著橘紅色火焰竄流身體、心靈、情感和能量的場域，開始清除、化解一切憎恨、憤怒和恐懼的負面想法、文字、感受、回憶和影像。
- 進行第328頁的同情療法帶回仁慈和關懷的感受。

絕望

一個人認為自己無法改善或改變一個困境時，就會感到絕望。感到絕望時，常常會覺得除了放棄，別無選擇。他們看不見脫離絕望的出路，因此就這樣困在侷限和希望渺茫的狀態裡。

然而，你也可以在看似絕望的處境中激發自己改善困境，為所有當事人帶來希望。

生理上，絕望會造成中風、脊柱側彎、精神崩潰、發作性睡病、肌肉失養症、麻疹、精神錯亂、疝氣、脹氣、群眾及空曠恐懼症、腹瀉、攝護腺癌、睡眠方面的問題。

釋放絕望的療法

- 雙手放在絕望的感覺最強烈的身體部位，把氣息帶到這裡幾秒鐘，允許任何情緒在毫無阻力的情況下浮現。
- 雙手放鬆。
- 說：「神聖療癒智慧，請用橘紅色光劍切斷一切無助與絕望。請讓我在看似黑暗的地方窺見光明、在絕望的處境感受希望、把握在絕望中轉變的機會。我要變得更能察覺大局，被賦予新的見解、智慧和機會，為自己和他人帶來改變。謝謝你。」
- 反覆說「清空」一詞，直到你感覺比較輕盈。
- 看著橘紅色光劍竄流身體、心靈、情感和能量的場域，開始切斷、化解一切絕望和無助的負面想法、文字、感受、回憶和影像。
- 進行第330頁的信念療法帶回希望和全新可能的感受。

不悅——參見挫折（第306頁）。

嫉妒

嫉妒是一種極具毀滅性的情緒，會讓人警戒、防備、心胸狹隘。它使你無法信任人，害怕你愛的人會傷害自己。在情感層次上，嫉妒會關閉一個人的心房，在身體的各個部位造成恐懼和緊繃。想要別人擁有的東西，其實是源自自卑和缺乏的感受。

嫉妒的人會對所嫉妒的對象懷抱惡意，他們通常控制慾強，總是陷害、侷限自我。通常，嫉妒會使他們困在怨念、懷疑、不信任的惡性循環裡。

在生理層次上，嫉妒和羨慕會帶來胃和消化方面的問題、心臟病發、背痛、腫瘤、肺部方面的問題等。

釋放嫉妒的療法

- 雙手放在嫉妒和羨慕的感覺最強烈的身體部位，把氣息帶到這裡幾秒鐘，允許任何情緒在毫無阻力的情況下浮現。
- 雙手放鬆。
- 說：「神聖療癒智慧，請用橘紅色的淨化之火燃燒、化解我意識裡的一切嫉妒、羨慕和恐懼。請幫助我明白，我沒什麼好羨慕的。別人擁有的東西不會奪走我可以在生命中獲得的東西。我們每個人都有自己的道路，我必須接受自己的道路，對自己擁有的東西心懷感恩。請幫助我釋放所背負的一切懷疑、控制和不信任。請讓我能夠放下一切怨念、惡意以及自己比他人卑微、我不能擁有美好事物的信念。謝謝你。」

- 反覆說「清空」一詞，直到你感覺比較輕盈。
- 看著橘紅色火焰竄流身體、心靈、情感和能量的場域，開始清除、化解一切羨慕、嫉妒和恐懼的負面想法、文字、感受、回憶和影像。
- 進行第339頁的支持療法帶回鼓勵和支持的感受。

評斷

我們每天都會做出各種無害的評價和判斷，像是投資產品、過馬路、買禮物或聘用員工等。然而，也有許多人會用不健康的方式來評斷，評斷自己、自己的身體、外貌、朋友、家人等。評斷也會變成對他人的歧視、偏見與不寬容。在這種狀況下，評斷會造成衝突，進而帶來爭執、憤怒、憎恨，甚至是戰爭。

愛評斷的人時常會變得控制慾強，因為他們害怕別人會嚴厲評斷他們。事實上，我們才是自己最嚴厲的評論者。評斷經常會用比較的方式呈現：他是個比她好的學生；她是比較好的姊姊；他比較成功；她比我美麗、富有或聰明。此外，人們通常最愛評斷跟他們做出相同或相似事情的人，因為使我們感到不自在的，通常是我們尚未連結、結合的那一面自我。這是一種鏡像效應，別人讓你討厭、做出反應或評斷的面向，通常是你不想看見、接受或接納自己的面向。他人會反映出你自己不願意承認的特質。當你接受自己和另一個人其實有可能很相似時，你就不會再這麼嚴厲地評斷他們，也會變得較為開放、包容以及關愛。

評斷自己或他人會使你無法完全過好、擁抱你的人生，你會難以放鬆，難以享受更棒的事物。評斷會為你的人生帶來挫折、煩躁、恐懼、焦慮和壓力，也會造成喉炎、頭痛以及骨骼系統、呼吸系統、舌頭、喉嚨、神經系統和耳朵方面的問題。

釋放評斷的療法

- 雙手放在評斷的感覺最強烈的身體部位，把氣息帶到這裡幾秒鐘，允許任何情緒在毫無阻力的情況下浮現。
- 雙手放鬆。
- 說：「神聖療癒智慧，請用橘紅色的淨化之火釋放一切評斷、歧視、挫折、憤怒和煩躁。請幫助我化解一切壓力、焦慮和自我陷害的習慣。請讓我學會榮耀、重視、珍視自己和他人，使我脫離自己和他人嚴厲的評斷、看法和態度。謝謝你。」

- 反覆說「清空」一詞，直到你感覺比較輕盈。
- 看著橘紅色火焰竄流身體、心靈、情感和能量的場域，開始清除、化解一切評斷、歧視和憤怒的負面想法、文字、感受、回憶和影像。
- 進行第333頁的榮耀療法帶回愛和接受的感受。

失去——參見悲傷（第307頁）。

自尊低落

自尊低落的人時常覺得自己錯過人生的一切；覺得自己不值、不重視自己的人，在工作升遷、體育活動、建立友誼和爭取機會時不會被想到。受害者心態使他們招引艱苦和困難到自己的生命中。不值感會導致憂鬱、疲累、自我批判和評斷，深信自己無法對任何有價值的事物做出貢獻。

背負低落的自尊和不值感時，身體容易崩壞，造成粉刺、體重方面的問題、糖尿病、生殖器疱疹、卵巢癌、硬皮症、潰瘍、疣和失憶。

釋放自尊低落的療法

- 雙手放在不值的感覺最強烈的身體部位，把氣息帶到這裡幾秒鐘，允許任何情緒在毫無阻力的情況下浮現。
- 雙手放鬆。
- 說：「神聖療癒智慧，請用橘紅色的淨化之火化解一切不值和自尊低落的想法、感受與經歷。請幫助我釋放一切身體、心靈、情感和能量場域內的受害者意識、侷限、疲勞和壓力。請融化任何我招引的艱苦、困難或批判，帶回自信、信念和內在力量。謝謝你。」
- 反覆說「清空」一詞，直到你感覺比較輕盈。
- 看著橘紅色火焰竄流身體、心靈、情感和能量的場域，開始化解一切不值、自尊低落、受害者情結、疲勞和艱苦的負面想法、文字、感受、回憶和影像。
- 進行第 328 頁的自信療法帶回自信的感受。

拒絕

被拒絕的感受可以持續很多年，最後甚至傷害到關係和健康。人們常常會把他人的拒絕誤解成是自己不夠好，或是自己有問題。所以，他們不前進或改變，而是選擇放棄、封閉，覺得自己很可憐。

一個人若經歷極端的拒絕，也會害怕信任、打開心門或跟人過於接近。大部分的人都害怕拒絕，因此很多人都無法追逐夢想和享受人生。

被拒絕的感受會帶來許多疾病與失調，包括厭食、關節炎、多發性硬化症、子宮內膜異位、癱瘓、麻木、感冒瘡和性冷感。這種感覺也會導致崩潰、壓力、精神焦慮和緊繃。

釋放拒絕的療法

- 雙手放在拒絕的感覺最強烈的身體部位，把氣息帶到這裡幾秒鐘，允許任何情緒在毫無阻力的情況下浮現。
- 雙手放鬆。
- 說：「神聖療癒智慧，請把橘紅色的淨化之光灌入我存在的每一個層面，讓我脫離一切恐懼、拒絕、自我批判和自憐的模式，化解一切讓我感覺不夠好、不夠重要、無能過著非凡人生的狀況。請釋放我意識裡的一切壓力、緊繃和對失敗的恐懼，帶回我的內在力量和智慧。謝謝你。」

- 反覆說「清空」一詞，直到你感覺比較輕盈。
- 看著橘紅色光芒竄流身體、心靈、情感和能量的場域，開始化解一切拒絕、自憐、壓力和緊繃的負面想法、文字、感受、回憶和影像。
- 進行第337頁的認可療法帶回接受的感受。

埋怨

深沉的傷害若遭到壓抑、未能表達出來，就會變成憤怒，而這就是埋怨。這通常是針對家人或某個親近的人才會有的感受，常常會在你覺得受到不公平的待遇或被利用時出現。人們常常憑著自以為的正義，緊抓怨念不放。他們會有一種「我是對的，他們錯了」的態度，選擇緊抓這種感覺，相信這能賦予他們傷害別人的力量。事實是，埋怨會傷他們自己最深，在他們的體內製造疾病和不適。

長期下來，埋怨會孳生各種負面情緒，諸如憤憤不平、傷害、恐懼、憤怒和報復，也會造成誤解和不信任。無法信任別人的人永遠不能放鬆，因為你總是在戒備，無論你自己是否意識到。生理上，埋怨會造成腫瘤、梅毒、骨質疏鬆、狼瘡、背痛等。

釋放埋怨的療法

- 雙手放在埋怨的感覺最強烈的身體部位，把氣息帶到這裡幾秒鐘，允許任何情緒在毫無阻力的情況下浮現。
- 雙手放鬆。
- 說：「神聖療癒智慧，請用橘紅色的淨化之火化解我細胞記憶、情感、心靈和能量場域裡的一切怨念、壓抑的憤怒、傷害、不公義、不信任和自認正義的感受。讓我脫離我對【人、地方或經歷】的怨念，同時也釋放他們對我抱持的怨念或仇恨。我要讓一切跟埋怨有關的負面和沉重能量現在就消散、消失在我的生命裡。謝謝你。」
- 反覆說「清空」一詞，直到你感覺比較輕盈。
- 看著橘紅色火焰竄流身體、心靈、情感和能量的場域，開始化解一切跟束縛住你的人、地方或經歷有關的負面想法、文字、感受、回憶和影像。
- 如果你覺得你已準備好原諒這個人，就進行第331頁的寬恕療法。

悲痛——參見悲傷（第307頁）。

羞恥

除了偶爾說「你應該對自己感到羞恥」之外，羞恥是大部分的人不太會談論的感受。然而，深沉的羞恥感有可能在體內停留多年。羞恥通常會在童年經歷，然後一直跟著長大成人，對一個人的自信、健康和成功會造成很大的影響。這跟丟臉和侮辱的感受有關，而且常常來自我們最親近的人，例如家人。

我們也會在細胞裡貯存羞恥感，而這可能源自過去遭到侮辱的家人或是我們出生的祖國，尤其是當祖國經歷過我們大力反對的事物（如戰爭）時。人們也有可能覺得自己的父母、宗教、工作、外表等使他們感到丟臉。

此外，背叛、威嚇某人對某人說謊或造成他人痛苦，也會讓人感到羞恥。他們經常對這些行為感到懊惱悔恨。然而，若不原諒並放下，羞恥就會糟蹋他們的身體。

羞恥也特別會影響身體跟生殖和性愛有關的部位，造成ＡＩＤＳ、生殖器疱疹、披衣菌、陽痿、卵巢和攝護腺癌、關節炎、強迫進食、牙齦炎、腎結石、多發性硬化症、泌尿道感染、陰道炎。

釋放羞恥的療法

- 雙手放在羞恥的感覺最強烈的身體部位，把氣息帶到這裡幾秒鐘，允許任何情緒在毫無阻力的情況下浮現。
- 雙手放鬆。
- 說：「神聖療癒智慧，請用橘紅色光劍切斷一切束縛我的羞恥、丟臉、侮辱、不光彩和不榮譽的枷鎖。請幫助我釋放、化解一切過於強烈的自覺感、自我懷疑、不安全感和威嚇感。請讓我原諒那些使我羞恥的人，也被我所羞辱的人原諒。請幫助我找回自我價值、自我信念和自我尊重，讓我真正有尊嚴地過活。謝謝你。」
- 反覆說「清空」一詞，直到你感覺比較輕盈。
- 看著橘紅色光劍竄流身體、心靈、情感和能量的場域，開始切斷、化解一切羞恥、丟臉、不光彩和侮辱的負面想法、文字、感受、回憶和影像。
- 進行第338頁的尊重療法帶回尊重和榮譽的感受。

壓力

壓力是西方社會所面臨最嚴重的問題之一。在競爭激烈的環境裡，許多人為了生存、繳納各種費用、有所成就，壓力日益增加。人們經常抱怨白天時間不夠把所有事情做完，於是在自己身上加諸更多壓力，以完成每一件事。這就表示，他們忽略了自己和身邊親近的人，進而導致健康惡化。

壓力大的人常常無法活在當下，而是把注意力放在未來的事件，像是要準時抵達某個地方、趕截稿日或得到他們想要的東西。

壓力會在人的心靈、身體和感受創造緊繃感，阻止他們前進。有壓力時，會比較快疲累、專注程度會下降、感覺沒有靈感、完成事情也會需要較久的時間。

壓力是許多生理問題的主因，包括中風、疾病發作、心臟病發、免疫系統失調、下顎方面的問題、失憶、咬牙切齒、咬指甲、心絞痛、厭食、禿頭、念珠菌、氣腫等。

釋放壓力的療法

- 雙手放在壓力的感覺最強烈的身體部位，把氣息帶到這裡幾秒鐘，允許任何情緒在毫無阻力的情況下浮現。
- 雙手放鬆。
- 說：「神聖療癒智慧，請用橘紅色的淨化之火幫助我釋放我在體內累積壓力的各種方式。請啟發我休息、照顧自己和放鬆，讓我的身體可以復甦，放下緊張、壓力和緊繃。每當我感覺到緊繃和壓力，請提醒我呼吸、放鬆、舒展。請幫助我在充滿壓力的情境找到幽默和輕鬆，變得更健康、強壯、有活力。謝謝你。」

- 反覆說「清空」一詞，直到你感覺比較輕盈。
- 看著橘紅色火焰竄流身體、心靈、情感和能量的場域，開始清除、化解一切壓力、沉重和緊繃的負面想法、文字、感受、回憶和影像。
- 進行第338頁的放鬆療法帶回休息和放鬆的感受。

困頓

身體和生活當中的許多問題都會在你感到困頓、沒有彈性、緊抓某一觀點不放時發生。通常，當同樣的想法或情境不斷在腦海重播，就會發生這種事。

感覺困頓時，生活和身體的一切都會變得僵硬。創意會遭到阻礙。你會開始經歷艱難和掙扎，相信人生很難，進而也為身體、心靈和情感帶來艱難。

長期困頓或僵硬會導致靜脈曲張、坐骨神經痛、重複性勞損、類風濕關節炎、癱瘓、肥胖症、口腔潰瘍、腎臟方面的問題等。

釋放困頓的療法

- 雙手放在困頓的感覺最強烈的身體部位，把氣息帶到這裡幾秒鐘，允許任何情緒在毫無阻力的情況下浮現。
- 雙手放鬆。
- 說：「神聖療癒智慧，請用橘紅色的淨化之火化解一切困頓、僵硬、沒有彈性、阻塞、掙扎和充滿侷限的觀點。請幫助我放下心靈和情感的一切艱難。請跟我一同釋放緊繃、掙扎、費力和抗拒的模式。請融化我心靈、身體和情感裡一切阻礙能量流動和循環的阻塞。謝謝你。」
- 反覆說「清空」一詞，直到你感覺比較輕盈。
- 看著橘紅色火焰竄流身體、心靈、情感和能量的場域，開始化解一切困頓、沒有彈性、抗拒和侷限的負面想法、文字、感受、回憶和影像。
- 進行第330頁的彈性與活動療法為你的人生創造更多彈性。

擔憂——參見恐懼（第303頁）。

提升健康的情緒

把注意力放在這些正向的情緒，有意識地做出決定，要用它們來取代可能一直使你無法過想要的生活的厚重感。做這些練習時，找個安靜、舒適的地方和姿勢。開始之前，花一點時間深呼吸。手邊放置紙筆，在過程中寫下浮現的任何想法。

透澈

- 說：「神聖療癒智慧，請在我體內灑滿明亮的透澈之光，找出任何我所感受到的困惑、衝突或擔憂的灰色地帶，用你的光芒照耀、化解。請讓我專注在人生的方向、需要做出的決定、需要接受的機會，把這些都變得清晰透澈。請用你光輝燦爛的智慧照亮我的道路，讓我充滿自信地問問題，開放心胸去接受最能賦予力量的答案。請幫助我每一天都活得有目的、有自信、充滿喜悅。謝謝你。」
- 反覆說「清空」一詞，直到你感覺比較輕盈。
- 透澈是心靈擺脫擔憂和不確定性的狀態。你需要對自己有一定程度的了解，做出的決定才能帶給你力量，讓你的生命經驗更深層豐富。當你需要透澈，請專心問自己能帶來力量的問題，如：「如果我要從心靈深處做出這個決定，為所有人好，我會做出什麼選擇？」或者，你也可以這樣問：「這是我所能做出最好的決定嗎？」每個人得到的答案都會根據他們的認知及生命中的事件與經歷而有所不同。

同情

- 說：「神聖療癒智慧，請將粉紅色的同情之光灌入我身體每一個背負著憎恨、埋怨和恐懼的細胞。請將我心靈、身體和事務的一切厚重感沖走。請幫助我軟化、原諒自己與他人的過錯、無知和缺乏同理心。透過寬恕，請讓我在憎恨、傷害、恐懼與怨念之中找到自由，把這些化為同情、仁慈、情感表現與連結。謝謝你。」
- 反覆說「清空」一詞，直到你感覺比較輕盈。
- 為了找尋真摯的同情心，請想像你身處他人的處境。傷害他人、對他人殘忍，他們自己肯定也經歷了痛苦吧？對他們做出負面的反應，只會讓狀況繼續，不如找到治療自己憎恨與恐懼的方法，將之化為同情。你的同情心會讓他人解脫，改變他們看待自己和自己創造的處境的方式。

自信

- 說：「神聖療癒智慧，我要召喚金色的智慧光芒來喚醒我的內在力量、自信和自我價值。請幫助我打開心胸，接納愛、喜悅和對生命的熱情。讓我充斥著你的光芒、智慧和信念。請強化我對自己的信心，支持我實現夢想。謝謝你。」
- 反覆說「清空」一詞，直到你感覺比較輕盈。
- 專注在自己的強項上。你擅長什麼？你喜歡做什麼？什麼會使你的心歌唱？把這些事物寫下來，開始逐夢。每一次成功，就好好慶賀。

鼓勵

- 說：「神聖療癒智慧，我要召喚純白的榮譽之光來提升我對自己的看法、我的生命能量和我的靈性。請將你的療癒之光注入我體內所有感覺失落、破碎、虛弱和無精打采的部位。請用鼓勵、讚美、內知與和諧將我包圍。請帶領我進入與自我的神聖關係，讓我真正認識自己的心與靈。謝謝你。」
- 反覆說「清空」一詞，直到你感覺比較輕盈。

- 專注在讚美、而非批判上。留意自己的思考方式。你在批判還是鼓勵自己和他人？專心建立自己的自尊。犯錯時，對自己好一點。

信念

- 說：「神聖療癒智慧，請用深洋紅色的信念之光充滿我，讓智慧、勇氣和神聖之愛的靈將我包圍、抬升。請幫助我相信自己、培養勇敢面對艱困處境的能力，同時相信自己是被愛、被保護的。喚醒我內在最清澈純潔的意念，讓我運用自己的天賦和能力實現所有人的福祉。請幫助我，即使是在最黑暗的處境中，仍能保有信念、祈求神聖力量的干預。請讓我每天都看見，光憑一點信念和善意就能移山、改變生命。謝謝你。」
- 反覆說「清空」一詞，直到你感覺比較輕盈。
- 當我們擁有信念，就能進入那個看不見的神祕世界。我們不需要碰觸或靠肉眼看見就能相信。我們的內心知道，助祐就要來臨。當我們擁有信念，也會擁有追逐、實現夢想的勇氣。想一想你有什麼想經歷、卻一直因為害怕而不敢採取行動的事。

彈性與活動

- 說：「神聖療癒智慧，我要召喚綠白色的活力光芒來清除、充飽我意識的每一個層次。請再生我的彈性、活動和循環，使其達到最大的活力。請喚醒我的創造力、理解力和同情心，讓愛、療癒與豐盛自在流入我的生命。謝謝你。」
- 反覆說「清空」一詞，直到你感覺比較輕盈。
- 為了讓人生擁有更多彈性與活動，你必須願意動動身體、變得有彈性。要做到這點的其中一個好方法是，一邊專心放鬆身心，一邊讓靈感流動。跳舞可以幫助你放鬆、享樂、釋放靈魂。放一些輕鬆的音樂，站起來，想像自己是汪洋中的波濤。允許自己隨波流動，同時專注在輕鬆、彈性、開放、接納、欣賞、接受和順其自然上。

寬恕

- 心裡想著你準備好原諒的那個人。記住，你做這個練習不是為了別人，而是為了自己，因為當你原諒時，你也會放下一個具毀滅性的情緒。這並不表示你要饒恕這個人為你帶來傷害的任何言語或行動；你只是在放下這個人造成的痛苦或不適。

- 說：「神聖療癒智慧，我要召喚藍白色的寬恕火焰來幫助我放下我跟『將你困住的人或經歷』之間的有害連結。請釋放我們之間的一切怨念、憤怒、傷害和不信任。親愛的『人或經驗』，我原諒你『說出讓你受傷或憤怒的原因』。」
- 情況如果適切，可以說：「我請你原諒我『說出你希望被寬恕的事情』。我請求藍白色的寬恕火焰化解一切有害的能量，淨化我們的心和靈，使我們得到完全的自由。請用神聖之愛與同情充滿我們。謝謝你。」
- 反覆說「清空」一詞，直到你感覺比較輕盈。
- 專注在你的心和靈，想像一切怨念從中釋放。讓藍白色的火焰化解你們之間有害的連結，淨化你的心和靈。厚重感釋放後，專心讓神聖之愛與同情充滿你的心。你可能會需要做這個練習好幾次，才能經歷完全的寬恕。

自由

- 說：「神聖療癒智慧，請用藍紫色的自由光芒重新讓我的意識充滿能量。請允許我經歷選擇、自信與自我表達的自由。請幫助我變得獨立、做出能夠帶來力量的決定、追逐夢想。請幫助我擺脫促使自我表達和人生探索受到限制的內在枷鎖與衝突。請把我放在能讓我自由發掘、追逐熱情的環境之中。請指引我找到自己的神性、發現自我的偉大。謝謝你。」

- 反覆說「清空」一詞，直到你感覺比較輕盈。
- 得到自由的第一步是要體認到你是有選擇的。每個人都擁有使用任何觀點看世界的自由。專注地感恩你擁有自由的方面，並在沒有得到自由的方面努力放下內在限制與衝突。

快樂

- 說：「神聖療癒智慧，請用黃色的快樂光芒照進我存在的每一個層面，使我充滿能量、光明與活力。請喚醒我生命中的歡笑、喜悅和樂趣，帶回樂觀、內在力量和歡愉。請掃過我體內的每一個細胞，喚醒、活化、更新之。謝謝你。」
- 反覆說「清空」一詞，直到你感覺比較輕盈。
- 快樂是一種選擇。請下定決心歡迎快樂、喜悅和歡笑到你的生活中。問自己：「現在什麼使我快樂？」專注在喜悅、歡笑和樂趣上。許多人困在生活中的大小問題，便不再照顧自己、好好享樂。喜悅、快樂和樂趣會讓我們保持健康、活力與熱忱。所以，開始計畫一些好玩的事吧。留心帶給你歡樂的每一刻，即使你正塞在車陣中或大排長龍的隊伍裡。

榮耀

- 說：「神聖療癒智慧，請用粉紅色無條件的愛與榮耀的光芒，充斥我的意識、情感和身體。請讓我看見、感受、經歷我真正的價值。喚醒我對他人的同情心，指引我用最棒、最充滿愛的方式支持他們。請啟發我，讓我看見自己和他人的偉大、接納與榮耀。復甦我的內在力量，提升我對自己的信念以及做出最能賦予力量的決定的能力。謝謝你。」
- 反覆說「清空」一詞，直到你感覺比較輕盈。
- 留意評斷如何影響了你的人生和周遭的人。開始重視、榮耀、支持自己和他人，讓你和他們的人生變得更能賦予力量、更美好。每天想想自己看待他人的方式。你是否感恩、重視他們和他們在你的生命中扮演的角色？

純真

- 說：「神聖療癒智慧，我要召喚綠白色的純淨光芒再生我的身、清理我的心、提振我的靈。請解開我生命中所有包含喜悅、歡笑、純真與光明的面向。請讓我擺脫一切負面、枷鎖與限制。請重新喚醒我對生命的熱情，將我的意識從昏暗提高到透澈和啟發。謝謝你。」
- 反覆說「清空」一詞，直到你感覺比較輕盈。
- 讓自己連結、專注於嬰兒、花朵、動物、靈性教導等純淨的事物。穿著綠色和白色的衣服幾天，或是想像這些顏色沐浴你的身體。

喜悅

- 說：「神聖療癒智慧，請用充滿喜悅的陽光把快樂、自信、活力與生氣帶到我的生活中。請幫助我變得更蓬勃、神采奕奕、動態。請用你的光芒充滿我，讓我的人生輕鬆、和諧、優雅地流動。請幫助我跟生命的神性建立深刻的連結，獲得無止境的靈性滋養、啟發、喜悅和愛。請幫助我充分打開心胸，經歷深沉的溫暖、情感、同情與開放，同時從心靈深處明白我是被愛、珍視、照顧的。請讓我相信我不孤單，永遠都會受到看顧。謝謝你。」

• 反覆說「清空」一詞，直到你感覺比較輕盈。

• 人若打開心房給予、接受愛，便能經歷喜悅。無論你是誰，你都有能力為他人付出——觸動、溫暖他們的心。如果想要經歷更多喜悅，請專注於你能做或說些什麼來啟發他人，然後留意自己的心變得開放。喜悅的人可以跟愛的神聖泉源連結。每天跟這靈性層面的自己交流，傾聽自己的神性，讓它指引你。

愛

• 說：「神聖療癒智慧，我要召喚粉紅色的神聖之愛與智慧的光芒。請治療我意識和細胞記憶裡每一個懷抱恐懼而非愛、擔憂而非平靜、焦慮而非信念的部分。請用充滿愛、保護、平靜的光芒包圍我，讓我在每一個遭遇中都能感覺安全、擁有力量、被支持、照顧、關愛。謝謝你。」

• 反覆說「清空」一詞，直到你感覺比較輕盈。

• 在每一個困境中尋找福氣，別忘了心裡想著什麼，就會吸引什麼。專注在你希望發生的事情，不要去擔心你不希望發生的事。

- 在一日之始思考你希望怎麼過這一天。對自己說：「今天會是美好、繁盛的一天。」想想你希望在這天創造的一切美好事物，並對所有來到你身邊的機會心懷感恩。

平靜

- 說：「神聖療癒智慧，我要召喚藍色的平靜祥和光芒。請用療癒的寧靜、平靜和靜謐之光沐浴我，安撫我意識裡的一切不悅和憤怒，將它化為熱忱、平衡以及對生命的熱情。請讓我在靜謐的心靈中找到自由。請幫助我欣賞我的人生，變得更動態、有活力、有精力。謝謝你。」
- 反覆說「清空」一詞，直到你感覺比較輕盈。
- 放下所有的憤怒和負面，找到平靜和自由，會是什麼感覺？自願放下憤怒，專注在平靜上。找時間靜謐和安靜下來，讓靈感流過來。

認可

• 說：「神聖療癒智慧，我要召喚粉紅色的愛之光芒來打開我的心房，讓我經歷接受愛、賞識與療癒的喜悅。請幫助我認可真正的自己：一個偉大、神聖的靈魂。請幫助我珍視、相信、信任宇宙神聖隱密的面向。請讓我當下的關係療癒茁壯。請把願意支持、珍視、重視彼此連結的美好之人帶進我的生命。謝謝你。」

• 反覆說「清空」一詞，直到你感覺比較輕盈。

• 專注在接受上。也就是說，若有人給予你嘉許、禮物、加薪或稱讚，請花點時間真心收下，並承認自己的好。每天都要認可生命裡良好、正面、美麗的事物。把這些寫下來，每天早上起床前再次提醒自己。學著認可生命中發生的美妙。

放鬆

• 說：「神聖療癒智慧，請用溫和、舒緩的翠綠色光芒擁抱我，讓它流過我身體裡的所有肌肉、骨頭和組織，軟化、放鬆、緩和之。請幫助我在四周的混沌之中找到平靜。請啟發我挪一點時間給自己、與大自然交流，並透過留意真正重要的事物來復甦。請讓我在簡單的事物中找到歡樂，並記得感恩生命中的寶貴。謝謝你。」

- 反覆說「清空」一詞，直到你感覺比較輕盈。
- 留意身體的感受。專心緩慢地深呼吸，讓緊抓壓力的每一個層面軟化、放鬆、放下。允許自己花點時間放鬆休息。

尊重

- 說：「神聖療癒智慧，請用橘色的活力能量光芒充滿我的身體、意識和情感。請注入勇氣、樂觀和尊重在我體內。請補充我的能量、自我價值和自我信念。請清除過去和未來關係當中的羞恥、痛苦和厚重，在關係中注入光明、愛、榮耀、尊重和價值。教我愛、認同、珍視自己。謝謝你。」
- 反覆說「清空」一詞，直到你感覺比較輕盈。
- 看看你的人生，留意你在哪些方面榮耀、認同、做出帶來力量的決定，哪些方面沒有榮耀、尊重自己。當你察覺到需要努力的地方，就可以開始療癒、改變、轉化。時時進行尊重療法，來幫助你釋放羞恥感、迎接尊重。

知足

- 說：「神聖療癒智慧，請用燦爛金黃的知足、快樂、滿足和愉悅之光擁抱我，讓我感到自信，相信自己正走在對我的人生而言最完美的方向。請幫助我看見、歡慶我所成就的一切美好事物、我所連結的那些很棒的人以及我所擁有的一切豐富經歷。看見自己的人生如此宏偉，使我真心感覺受到庇佑。謝謝你。」
- 反覆說「清空」一詞，直到你感覺比較輕盈。
- 知足源自對生命及其豐盛經歷的慶賀。與其專注在不足的東西上，不如專注在有福獲得的一切事物上，甚至就連讓你可以動手拿起筆、寫寫日記、看書閱讀或向全世界分享特殊天分的能力，也值得感恩。你可以單純地慶祝自己還活著、太陽每日升起、鳥兒鳴叫。擁抱並展現你的知足，你就會看見生活中的一切開始加速成長發展。

支持

- 說：「神聖療癒智慧，請用溫和、支持、提振我的金色光芒圍繞我，請注入同情、同理、仁慈和智慧在我體內。請幫助我變得善解人意、思慮周全、寬宏大量。請將我感受到的任何嫉妒心理化為對他人好運的鼓勵和快樂。在感恩自己和他人的機運之時，請以美妙、豐盛的驚喜獎勵我。謝謝你。」

- 反覆說「清空」一詞，直到你感覺比較輕盈。
- 把注意力放在支持、鼓勵他人成為最棒的人這件事上。專心為他人的成功感到開心。你越能為他人的順遂感到快樂，就越有可能打開自己好運的通道。每天走在路上時，練習把經過的每一個人看作偉大的成功人士。你甚至可以大聲說出來：「你很成功。」

成功

- 說：「神聖療癒智慧，請用金色的成功、成就、實現之光沐浴我，讓我看見、歡慶我在人生中達成的一切成就，並榮耀所有促成我成就的人。請幫助我擴展視野、加強能力，為即將來臨的重大機會做好準備。我請求能成為吸引豐盛、成功與繁榮的磁鐵，並將好運分給其他人，實現所有人的福祉。謝謝你。」
- 反覆說「清空」一詞，直到你感覺比較輕盈。
- 每個人對於成功的定義都不同。對某些人來說，累積巨大的財富、做好自己的工作、生小孩、擁有健康的身體或美好的關係，就是成功。無論你認為成功是什麼，請感恩

Chapter4

顏色的祕密語言

The secret language of color

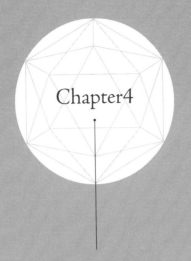

數千年來，人們一直都會使用顏色進行療癒、娛樂、美容，或讓自己感覺更光彩有活力。色彩處處皆是，無論是在大自然、住家、衣櫥，抑或是食物裡。本章將告訴你如何把顏色的力量融入生活中。

當你了解每個顏色的不同組成，就能開始有意識地運用它們。每一種顏色都含有冷熱、輕重和振動的屬性。也就是說，有些顏色會產熱，有些顏色則具有冷卻的效果。科學實驗曾將溫度計放在不同顏色的玻璃杯之中，結果發現紅光釋放最多熱能，藍光則是最冰涼的。

身體的每一個疾病都會產生振動，而不同的振動具有不同的顏色。將互補色引入患部就能干預疾病的振動，進而達到緩解。要真正有效，顏色療法務必針對整體病因來治療，而不是只治療症狀。結合顏色療法和情緒淨化療法是極為有效的方式。

顏色可以透過許多方式幫助人們療癒：想像、衣服鞋子、飲食、居家裝飾、寢具、大自然、水晶、精油、浴鹽、檯燈、蠟燭、首飾、化妝品，甚至是植栽、繪畫、染髮、使用在太陽下曝曬過的有色玻璃杯喝水等。

在第一章，你可能已經讀到某個顏色跟某個身體部位有關。或者，你也可以讀完接下來的章節，在了解每一個顏色之後，傾聽自己的身體，察覺哪一個部位需要哪一種顏色。無論你是如何察覺到需要關注的部位，都請在心中用相對應的顏色包圍它。

另一個感受顏色的方式是，搓揉雙手之後稍微把手分開，然後想像雙手之間出現顏色，直到你能感覺到它的振動。如果是紫色，你會感覺到熱；如果是粉藍色，你很可能就會感覺涼涼的。感覺到振動後，就把手放在需要這個顏色的身體部位，然後深吸一口氣。接著，想像該顏色貫穿那個部位，治癒它。

顏色也能幫你打開心胸、增加能量、提高自信、提供透澈、舒緩壓力、帶來平靜。我曾治療許多學習顏色療法後受到幫助的人，現在他們在生活中的每一個層面都會運用顏色。

安德莉亞過去總是穿著黑色，似乎永遠沒有精力照顧好兩個年幼的孩子。她來到我的辦公室時，感覺筋疲力盡，彷彿肩上背負了沉重的擔子。我問她為什麼總是穿黑色的衣服，她說她衣櫥裡的衣服就是只有這個顏色。有趣的是，安德莉亞生活中的一切似乎也都只有黑與白。我建議安德莉亞為生活多增添一些色彩，無論是她穿的衣服、她的家中、她吃的食物等。神奇的是，當她開始穿比較繽紛的衣服之後，她對人生的態度也開始轉變。她變得比較有彈性、有創意，也更快樂。我也請她嘗試想像顏色，結果在短時間內，她的能量指數就大幅提高。

參與我工作坊的許多按摩師或美容師在面對客戶時都會想像不同的療癒色彩。他們告訴我，客戶在結束後常常會說自己感覺放鬆許多。

要感受更多顏色帶來的好處很簡單：想經歷平靜和放鬆，多穿藍色和白色，或是在環境中多放綠色植物；想打開心胸愛人，可穿橘色衣物，佩戴粉色水晶；想提升能量，就吃紅色食物，穿戴紅、橘或金這三色的服飾；想增加自信，可以配戴綠松石首飾、穿著藍色衣服；想改善睡眠，可以購買靛色的床單；你也可以使用紅色和金色招來財富、興旺和豐盛。

想想你裝飾家裡和辦公室的方式以及你穿著的色彩。顏色雖然只是其中一個元素，卻是很重要的一個。請使用本章節的資訊發掘顏色的祕密語言，了解顏色如何改變你的人生。

各個顏色

黑

黑色是保護、力量和隱退的顏色，跟紀律、堅持不懈、尊敬有關。黑色是新經歷的通道，可以測試力量與決心。許多人會去經歷靈魂的黑夜，以獲取智慧，再成功走出黑暗。青少年會用黑色展現叛逆、取得控制和獨立。

黑色可以幫助你化解、放下過去，迎接新的事物。然而，太多黑色則會削弱身體、榨乾能量、產生昏暗與悲觀。此外，黑色也會使你裹足不前，讓你困在侷限之中。

氣場若出現黑色塊，可能代表你生病了、缺乏能量、感覺孤單或覺得像個受害者。它會帶來負面和不快樂。

結合黑色和其他顏色，幫助你有自信地達成目標。

藍

藍色可以安撫心靈，帶來寧靜、祥和與平靜。這個顏色可舒緩神經、摧毀感染、淨化氣場，也能帶領人們通往真理，與神聖建立連結。

在心裡沐浴在藍光之中，可以防禦厚重能量，帶你回到中心。這是耐心、信念、接納、寬恕和獨立的顏色。藍色很適合冷卻、平靜、重建和保護。

生理上，藍色有助排毒和清除皮膚方面的問題，讓發炎或過度躁動的血液恢復正常。覺得緊張、狂亂或興奮過頭時，藍色也有冷靜的功效；藍色可以幫助內向者不再躲藏。藍色具有消毒的特質，有助燙傷癒合、止血、退燒。藍色也能舒緩神經躁動、增強免疫、建立活力。

穿著藍色服裝可改善記憶力、放下情感傷痛，跟自己的智慧連結。藍色也能改善溝通能力、化解恐懼、賦予你說話的自信。你可以使用藍色治療瘙癢、白內障、青光眼、腸躁症、燙傷、腹瀉、癲癇、歇斯底里、喉炎、經痛、心悸、高血壓、頭痛、風濕、驚嚇、牙齒和喉嚨方面的問題、潰瘍、靜脈曲張、中暑。

然而，太多藍色會使你感到寒冷、疲累、憂鬱、悲傷。如果你有血液循環不良、胸腔感染、氣喘、感冒、換氣過度、癱瘓的問題或是想要減重，就要減少跟藍色的接觸。

褐

褐色是大地、冬眠、滋養和安穩的顏色，幫助我們連繫大自然、動物智慧和宇宙智慧。褐色也有助於建立健康的界線、達到平衡的觀點。你可以使用它跟大自然的療癒屬性連結，喚醒能量和創意。

褐色會保護、支持、提供架構。它能提供獲得常識的管道，並給予生育力、可靠、滋養和韌性。褐色可帶來實用性、耐心、心靈的穩定和安全感，且能促進反思和耐性。在生理層次上，褐色可以淨化腸道，帶來更新之感。

跟褐色連結最好的方式是在花園裡，或是到公園跟大樹自然交流。太多褐色會造成昏暗、害怕改變、不願表露感情。

金

金色可以招來豐盛、擴張神經系統、增加覺察能力。它幫助我們連繫智慧、深沉知識、自信、內在力量、勇氣與喜悅。

這是有助於治療所有疾病的強大顏色，可切斷挫折、無法勝任、徒勞的感覺，也能釋放創傷，帶來健康的感受。

金色可以治療憂鬱、疤痕、消化問題、腸躁症、寄生蟲、更年期方面的問題、風濕。

金色是一種強大的保護力量，可強化身心的所有層次，幫你接受人生中正在發生的事。你可以使用金色獲得透澈、做出決定、與靈性領域連結。

然而，使用金色要小心謹慎，因為金色可能超越身體的力量，使身體招架不住，不應使用過當。

綠

綠色有助於克服恐懼、讓身體平靜下來、釋放挫折和憤怒。如果你在處理過去的問題，可以使用綠色為任何狀況帶來和諧。綠色也能幫助你做出明智的決定和選擇。

綠色可化解關係中的攻擊性或修復破碎的心。它能釋放負面的模式和信念，在充滿壓力的處境中幫你找回中心、釋放驚嚇感。如果需要放鬆、冥想、療癒，綠色可補充能量。

綠色帶來希望、提高自尊、吸引金錢和豐盛。這是生育、真理、年輕、純真和療癒的顏色，也可作為催情藥，刺激性能量。

你可以使用綠色淨化血液，恢復健康；綠色有抗菌特性。綠色也能活化神經系統、心臟、胸腺、肺部和肝臟，並能刺激生長，進而治癒骨折、使肌肉增長、修復組織。此外，綠色也有助於治療幽閉恐懼症、群眾及空曠恐懼症、膽汁病、頭痛、高血壓、神經抽搐、口吃、心絞痛、背部方面的問題、氣喘、腹部絞痛、筋疲力盡、失眠、花粉熱、心臟方面的問題、喉炎、潰瘍、性病。

然而，綠色也跟羨慕、嫉妒和迷信有關。

灰

如果你正在學習如何檢查自己的身體，灰色是很有用的顏色，有助於找出身體或氣場阻塞的地方。

灰色也能告訴你他人的心理、情感和生理狀態，在令你感到絕望的困境中提供另一個觀點。

太多灰色會讓你覺得倦怠、枯竭、空虛。

靛

靛色對任何影響頭部、眼睛、耳朵和鼻子的病痛都有幫助。它可以刺激直覺、讓你跟靈感連結、啟動智慧、增強專注和實踐的能力。靛色可鼓勵靈性擴展並喚醒第三眼、協助減輕和釋放你正在背負的責任、加強記憶和溝通。

靛色可以喚醒深埋已久的恐懼、找到問題根源、化解過去的困頓，也能用來治好孩童的行為問題以及成人的心理和情感困惑。它能幫忙釋放壓力，為人生帶來透澈和方向感，並鼓勵你追尋療癒和再生的道路。

靛色可淨化血液、減緩出血過多的情形、改善嗅覺、止痛。它也可以治療：闌尾炎、氣喘、支氣管炎、白內障和其他眼睛方面的問題、聽力障礙、肺部和喉嚨方面的問題、流鼻血、鼻竇炎、臉部癱瘓、肺炎、背痛、骨頭方面的問題、坐骨神經痛、偏頭痛、甲狀腺亢進、失眠、皮膚方面的併發症、發炎。

太多靛色會讓人覺得不踏實、刺激過度、招架不住、不切實際，因此可能因失望和失敗的感覺而不敢行動。

洋紅

洋紅是最深沉內在知覺的顏色，可啟發真理、清澈和信念。洋紅色也能喚醒你對生命的熱情，啟發你跟靈性嚮導、天使、女神和聖人所歸屬的高階領域產生連結。它也可以在發掘自我和靈性實現的旅程上協助你。

洋紅色讓你跟自己的感受有所連結，以創造出更深的健康之感。它也能幫你實現夢境。洋紅色能為衝突場面帶來和平，幫助人們互相理解。對提升組織能力而言，這也是很好的顏色。

太多洋紅色會使你感覺困頓，只去追憶往日的美好事物，而非活在當下。

藕紫

藕紫是種淡淡的薰衣草加紫丁香的顏色，可以將你和直覺連結、喚醒靈感、擴張靈性覺察力。藕紫色可幫助你放下沉重、厚重的能量，變得輕鬆愉快。

藕紫色是柔軟、溫和、順其自然的顏色，會創造一種平靜祥和感。它能緩解眼睛和耳朵方面的問題、改善記憶力和專注力，並能用來清除困頓，讓你對困境產生新的見解。心碎後，藕紫色也有助於打開心房。

太多藕紫色會使你感覺跟物理現實脫節、頭昏眼花，對當下出現多愁善感和困惑的感受。

橘

你在第三章可能已經注意到，橘色在治療不健康情感的大部分療法中都有用到，因為它能將所有的情感帶出來淨化，治療各式各樣的問題時，皆扮演強大的角色。橘色也有助於治療恐懼、寂寞和憂鬱。它能改善免疫力和活力，喚醒性愛和創造的能量。橘色象徵溫暖和興旺，可以帶來樂觀、熱忱、勇氣、決心和隨興的感受。

橘色可以幫助人們在關係中培養感情，教導他們如何給予、接受愛。它讓人連結自己的智慧和直覺，使他們經歷喜悅和歡笑。它能夠幫助人應付失去、悲痛和震驚。橘色也能釋放強烈的自覺感、膽怯和尷尬。作為活動和改變的顏色，它也可以刺激、增加脈搏率。

假如橘光對一個人有強烈的吸引力，這表示他仍尚未脫離驚嚇或創傷狀態，使他無法好好前進或活在當下。橘色能夠喚醒過去的情緒，進而幫助療癒。

橘色有助於治療消化、腎上腺和腎臟方面的失調；橘光可強化脾臟和胰臟，並藉由呼吸系統協助同化氧氣。橘色也可以恢復關節的靈活、解決肌肉痙攣、強健肺部。

你可以使用橘色治療氣喘、支氣管炎、感冒、發炎、風濕、膽石、痛風、肺部方面的問題、心理疲憊、腫瘤以及黏膜和腎臟方面的疾病。它能刺激食慾，也可以改善厭食、腸胃失調、腸道問題、精神崩潰、憂鬱、暴力以及情感和心理癱瘓。橘色可平衡荷爾蒙、解決生育問題、幫助身體治癒。

太多橘色會導致焦慮、深化恐懼和擔憂，並使你困在過去。

粉紅

粉紅色是無條件之愛的能量，有助於打開心房。透過它獨特的能力，可以釋放情感問題，帶來自我接納和寧靜，進而讓心療癒。粉紅色也對失眠、夢境的實現有幫助。

粉紅是同情、情感、溫暖、友善、和善、感恩、慷慨、力量和滋養的顏色，可以釋放擔憂、壓力和負面，用愛取代這些情緒。粉紅色使人平靜，具有恢復、撫慰和療癒的效果，亦促進寬容與理解。

你可以使用粉紅色解決跟父母、孩子和愛人的困難關係。對自尊低落、飽受寂寞和悲傷所苦的人而言，粉紅色很有幫助。粉紅色也可以幫助處於中年危機的人放下過去的模式。它特別適合用來放鬆肌肉，釋放不悅、憤怒與恐懼。

粉紅色會活化直覺，讓你跟自己的陰性能量和靈性美產生連結。它就像一塊磁鐵，會吸引人和關係到你身邊。

粉紅色也有助於治療心臟方面的問題，如心絞痛、心臟病發、缺乏愛、情感失衡，還有消化方面的問題、焦慮、創傷、驚嚇、壓力和中年危機。此外，它也可以治療關節炎、手腕方面的問題、手、膝蓋、腳踝和足部方面的併發症、體重問題、神經質、暴力、憂鬱、筋疲力竭。粉紅色也可改善情緒性進食、心碎、悲痛和失去。藉由粉紅色的力量，這些都可以克服得了。

太多粉紅色會造成多愁善感、愚蠢、控制他人的慾望和情緒化傾向。

紫

紫色可以清除心理情結、帶出領導特質。它能創造身心靈之間的連結，將希望和成功帶進你的生命。紫色可改善視覺、聽覺與嗅覺，也能釋放負面能量和不悅。

紫色可以提升免疫系統，協助療癒過程。紫色有助於治療發疹、風濕、神經緊繃及骨頭、腎臟、肺部、胃方面的問題，也可降血壓、緩和心悸、治癒腦震盪、發炎和不孕的問題。

然而，接觸太多紫色會使人與現實脫節，變得憂鬱，感覺好像一直在繞圈，沒有任何變化。紫色接觸過多時，可用金色補救。

紅

紅色具有無限的能量、熱力、活力與力量，是熱忱、激情、感官、勇氣、樂觀、動機與成就的顏色。紅色可為你的生活帶來金錢、新的機會和繁榮，也能喚醒你的創造力，幫助你達成目標。

你可以使用紅色作為強大的治療媒介，治癒血液失調、改善血液循環。人們一直都有使用紅色治病，讓膿瘡或傷口停止滲出、暖和冰冷的部位、止痛。它有助於釋放腎上腺素、刺激心理和生理的精力。因此，紅色可釋放憂鬱、絕望、困頓和活動力的缺乏。把它當作一種具有排毒功效的東西，化解有害的能量、想法和感受。

紅色可以幫助減重、增加性慾、永保青春、恢復身體活力。它給人踏實感，並能提供強烈的自我和歸屬感，還有帶來成功。如果你沒有男女朋友，紅色可幫助你吸引伴侶來到身邊。它也可以鼓勵害羞的人走出來，感覺更有自信。

紅色象徵火焰、成長、興奮、危險和毀滅，給人一種權力很大的感覺。它能刺激感覺神經系統，對五官感覺缺失的人很有幫助。它也可以刺激神經和血液，建造血紅素。紅色產生的熱能也會放鬆收縮的肌肉，清除體內的淤塞和黏液。

紅色可以治療貧血、支氣管炎、感冒（沒有發燒症狀的話）、便祕、躁動、肺炎、生殖系統方面的問題、肺結核和癱瘓。

如果有高血壓、心臟問題、發燒、壓力大、情緒波動或焦慮等，不可使用紅色，否則會讓你焦躁或憤怒。

太多紅色也會使人變得焦慮、過於衝動，容易感到不悅、挫折、暴力。要獲得最好的成效，建議搭配橘色和藍色一起使用。

銀

銀色是平靜和毅力的顏色，可以舒緩神經緊繃，帶來寧靜祥和，擴張覺察能力。銀色也可透過釋放體內的疾病與厚重、將毒素從血液和組織中排出的方式，加強療癒過程，有助於淨化。銀色能夠治療腎臟、平衡荷爾蒙功能，並帶來透澈、保護和踏實的功效。

太多銀色會使你感到困頓、躁動、無法給予情感。

粉藍

粉藍色使你跟你的感受和直覺產生連結，並能喚醒你的心，幫你找到人生目的，進而培養自信、改善溝通、喚醒同理心。

它讓古老的智慧變得容易取得，並為內在精通提供一種連結感。它有助於解決關係上的問題，讓人在做重要的決定時思緒清晰。粉藍色也能幫助你釋放自我毀滅的想法和情緒，在困境中找到平靜。

在生理層次上，粉藍色對喉嚨和胸腔方面的問題很有幫助。它能使神經鎮定下來、釋放壓力、治療驚嚇。粉藍色也可以舒緩發燒、頭頸神經痛和皮膚問題，如不適和留疤的狀況。它是使皮膚增生的顏色，可加速新皮的癒合與形成。

粉藍色使用過度會導致冷漠、不在乎、缺乏同情心。

藍紫

藍紫色可再生神經系統、有助於治療失眠、心理疾病、生理病痛和腦損傷。它也能啟動直覺、開啟創造力、提升通靈意識。它可以釋放業障、讓人重拾自由，不再受過去的問題所影響。你可以使用藍紫色幫助你重視自己和身邊的人。對靈性覺察保持開放態度的人通常會喜歡藍紫色。

在生理層次上，藍紫色能治療癲癇、眼傷、腎臟方面的問題、頭頸神經痛、風濕、坐骨神經痛、腫瘤。藍紫色也可以協助骨頭生長、刺激脾臟、淨化血液、平息怒氣。這個顏色帶來的影響可平衡能量、重設細胞。

太多藍紫色跟不負責任、自大、不可靠和其他偏差行為有關。

白

白色囊括所有的顏色，可治療整個身體。它很適合用來清除體內毒物，加以淨化。使用白色來治療時，應搭配另一個對需要治癒的部位有益的顏色。

白色有助於清澈和理解。它是選擇、誠實、純潔、保護和反思的顏色，能支持人追逐夢想、賦予人勇氣面對挑戰、讓人思考得更遠。

你可以使用白色創造平衡，補充靈性力量和視覺，打開無限可能。白色也能打消人與人之間的負面想法和感受，帶來最高境界的平靜與寬慰。

白色象徵正直、光明、神聖、真理和降服。它能軟化、滋潤皮膚，使其永保青春活力，治療皮膚方面的問題非常有效。白色也具有清涼、清新的功效，因此大熱天時人們喜歡穿著白色衣物。白色同時具有隱藏和揭示的功能。

白色使用過度會造成枯竭、筋疲力盡之感。

黃

黃色明亮、陽光、歡喜、充滿樂趣、豐盈、富饒、清新，是才智的顏色，可用來刺激心智。它能為大腦提供燃料，幫你快速清晰地思考。黃色非常適合用來幫助做決定，並能提升記憶力、自我表達和創意。它能在你書寫、閱讀、受訪、讀書和考試時提供清澈的專注力，並啟發協助保留重要資訊的新點子。

黃色可以讓你放下過去的負面模式、化解悲觀心理、提高自尊，並幫助你正視、解決根深蒂固的問題。

讓黃色把快樂、自我更新、樂觀心理、消遣娛樂、歡笑和內在力量帶到你的生命裡，透過它的能力減輕壓力、釋放神經緊繃。

黃色也能刺激、修復受損的細胞，對神經再生很有益。黃色能夠淨化血液、清除廢物、刺激淋巴系統。它能舒緩發炎、清除淤塞和黏膜，並有助於減重和消除浮肉。

除此之外，黃色也可以治療糖尿病、關節炎、厭食、濕疹、癱瘓、消化不良、毒素、便祕、更年期潮熱、經痛以及耳朵、皮膚、腎臟、肝臟、胰臟、膽囊、荷爾蒙、脾臟方面的問題。黃色清理腸子和肝臟的功效一樣好，並有助於消滅寄生蟲。陽光、花朵和食物是取得黃色很好的方法。

然而，使用黃色務必謹慎小心，因為太多黃色會導致刺激過度、筋疲力盡和憂鬱。

Chapter5

身體系統的祕密語言

The secret language of your body systems

我們的身體系統教會我們關於力量、自信、愛、同情、寬恕等許多事物的道理。在這一章，你會認識身體不同的系統以及這些系統扮演的角色。你也會知道導致各個系統崩解的想法和情緒有哪些。

你可以透過顏色運用、情緒淨化、思維轉換等方式恢復某個系統的健康，或專注在系統內的特定部位，進行第一章的練習。

我們越了解自己的身體及其特定組成，就能掌握越多工具，讓身體回到完全的健康與平衡。療癒帶領我們走過發掘自我的許多不同階段與層次。有時，轉變可能來得很快；有時，我們會經歷困頓、挫折和混亂。療癒發生在許多層次上——生理、心理、情感和能量。請保持耐心，花些時間發掘自我的各個層次，賦予這些層次力量。

身體系統

循環系統

循環系統的功用是要透過複雜的血管網絡將營養和氧氣送到身體的每一個系統。這個系統為身體供給維生的養分，主要是由心臟、血管和淋巴系統組成。

當你緊抓著憤怒、恐懼、自我憎惡、批判、失望、心碎不放或是缺乏自信，循環系統就會開始崩解。

因此，練習給予和接受愛是很重要的。

消化系統

消化系統的功用是將食物分解，讓整個身體都可以充分利用食物所含的能量。此外，這個系統也會吸收身體的廢物，將這些無法消化的纖維排出。排除食物的功能若受損，健康也會受到不好的影響。

消化系統大體上是由口腔、食道、胃、小腸、大腸、直腸和肛門組成。

當你經歷未解的憤怒、自我陷害、恐懼、猶疑、愧疚、責備、嫉妒和受害者情結，消化系統就會開始崩解。

因此，你需要練習賦予自己力量、發揮創意、欣賞自我、滋養心靈、放下過去並迎接新的人事物，還要練習耐心與寬容，學著愛、榮耀自己。

內分泌系統

內分泌系統的功用是製造並釋放荷爾蒙到血液裡。接著，荷爾蒙會扮演信使的角色，對身體幾乎每一個部位造成影響。

內分泌系統是調節情緒、行為、組織功能和新陳代謝的重要系統，可促進生長、刺激性慾、控制體溫。此外，這個系統也能修復受損的組織、製造能量。

它是由下視丘、腦垂體、松果體、甲狀腺、副甲狀腺、胸腺、腎上腺、卵巢、睪丸和胰臟所組成。

當你感覺失衡、充滿壓力、情緒化、困頓、困惑和挫折時，內分泌系統就會開始崩解。因此，你需要練習傾聽身體傳遞給你的訊息，讓你有機會打造更平衡、健康和快樂的生活型態。

免疫系統

免疫系統的功用是找出並消滅病毒、細菌和其他異物。

免疫系統是由淋巴結、免疫球蛋白這種血蛋白、一種稱作淋巴球的白血球、製造這些細胞的器官以及運送這些細胞的血管所組成。

當你覺得沒安全感、經歷內在衝突，感覺受到壓力、逼迫而非允許事情順其自然，或感到被威脅和操縱時，免疫系統就會開始崩解。

因此，你需要學著把注意力往內轉移，讓身體與生俱來的智慧告訴你它何時需要工作、何時需要休息。專心誠實對待自己，鼓起勇氣為自己的信念挺身而出。練習拒絕他人，因為總是順從其實有損自己的健康。把平衡的生活當作目標，在擔心他人的需求和願望之前，先顧好自己的。

表皮系統

表皮系統的功用為保護、滋養、阻隔、緩衝，讓身體不受外界的有害物質侵擾。這個系統是由皮膚、毛髮、指甲和某些外分泌腺體所組成。

當你感覺沒有受到保護、被侵害、被羞辱、憤怒、自我批判、充滿壓力、愧疚、孤立、不被支持或是戒備時，表皮系統就會開始崩解。

因此，你需要培養對自己的信心、直覺、內在韌性、對他人打開心房的能力、對美的欣賞以及對自己的照顧。

淋巴系統

淋巴系統的功用是移除多餘的組織液。這個系統也能製造免疫和抗體細胞，摧毀細菌。它是由淋巴結、淋巴管、脾臟、闌尾、扁桃腺、胸腺組成。

當你感覺脆弱、驚恐、不被支持、不被愛、被拒絕，淋巴系統就會開始崩解。

因此，你需要練習勇敢、自尊、領導風範。好好欣賞自己、愛自己，並創造一個讓你能夠安心發揮創意、覺得活力隨興的環境。

肌肉系統

肌肉系統的功用是讓身體能夠活動。這個系統也會賦予身體力量、彈性與支持。身體共由三種肌肉組織組成：骨骼肌、平滑肌和心肌。為了充分發揮作用，肌肉需要能量、氧氣、葡萄糖和其他營養素，而這些物質會透過血液循環運輸給細胞。

當你背負過多的緊繃、擔憂、悲傷和責任，肌肉系統就會開始崩解。思考太多或是憤怒、工作、恐懼、缺乏自信和支持過頭，也會使肌肉弱化。

因此，你需要練習培養內在力量，打造支持網絡，學習放鬆與放下壓力，面對自己的恐懼，學著表達自己的感受。

神經系統

神經系統的功用是為內在和外在世界提供必要的溝通管道。神經系統的感覺器官會接收外來的資訊，接著將資訊傳遞到大腦，再由大腦傳送到各個器官、組織和細胞，以適應改變。

這個系統是由大腦、脊髓（中樞神經系統）和神經（周圍神經系統）組成。

當你經歷內在和外在的衝突、壓力、恐懼、緊繃、責備、負面和憂鬱，神經系統就會開始崩解。

因此，你需要學習放鬆、運用內在力量、智慧、個人責任心和幽默感。

生殖系統

生殖系統的功用是繁衍、交媾、滋養和生命。

這個系統是由睪丸、攝護腺和陰莖（男性）以及卵巢、子宮、乳房和陰道（女性）組成。

當你感到被過去的關係所害、所傷或感覺愧疚、羞恥、侮辱、噁心、憤怒和批判時，生殖系統就會開始崩解。

因此，你需要學習愛護並重視自己、原諒他人、培養自信、放下負面的信念、學著享受感官。

呼吸系統

呼吸系統的功用是供給氧氣到血液中，同時排出廢氣。呼吸系統傳送氧氣，藉此使我們能夠產生能量、移動身軀和生長。

呼吸系統是由鼻竇、喉嚨、氣管和肺部所組成。

當你背負寂寞、不值、憎恨、埋怨、憤恨、悲痛、評斷和憤怒的感受，呼吸系統就會開始崩解。

因此，你需要學會同情、寬恕、愛、希望與信任。

骨骼系統

骨骼系統的功用是為身體提供架構與支持，也能保護其他身體系統不受外在環境所傷害。

骨骼系統主要是由骨頭、軟骨、韌帶和肌腱所組成。

當你嚴厲地評斷自己和他人或者背負背叛、埋怨、沒有彈性、侷限、憤恨、責備的感受時，骨骼系統就會開始崩解。

因此，你需要變得有彈性、自足、和善、有責任心，賦予自己力量。你必須學著寬恕，帶著正面的心態適應新處境，在每個狀況中找到美好的一面。

泌尿系統

泌尿系統的功用是藉由過濾的方式將水分傳遞到身體各處，讓不同的系統都能有乾淨的體液可以運用。留在體內的廢物會造成疾病和死亡。

泌尿系統是由腎臟、輸尿管、膀胱和尿道所組成。

當你感覺不爽、不悅、憤怒、憤恨、不值，或是背負愧疚、恐懼和深深相信自己很有問題的信念時，泌尿系統就會開始崩解。

因此，你需要為自己的行為負責、寬恕、放下憤怒、努力培養自我價值感，並學習愛護、欣賞自己。

後記

每天，我都很感恩我能做自己熱愛的事情，同時受到周遭的人展現的勇氣、力量與療癒所啟發。

發現自己不僅能治癒自己，也能幫助他人轉變他們的人生，這樣的天賦實在難以用言語表達。我親眼目睹了驚人的奇蹟，真的就在我面前發生——人們發覺自己不需要再受苦了，因為他們擁有療癒的工具，只是需要學習運用它們而已。

我到過許多地方，發現無論在世界上的哪個地方，人想要的東西都差不多，像是健康、快樂、平靜、愛、豐足與自由。我深深希望你可以找到上述所有的一切，甚至更多。

你的內在本就擁有最驚人的智慧，只需要學習如何聽從它。

我很願意了解《身體的祕密語言》如何改變你的人生，歡迎你把自己的經歷寫信告訴我（我的電子信箱就列在我的網站：www.InnaSegal.com）。

願神聖療癒智慧在你體內甦醒，引領你發掘身體、心理、情感和靈性的祕密。

等待我們有朝一日相遇的那天。

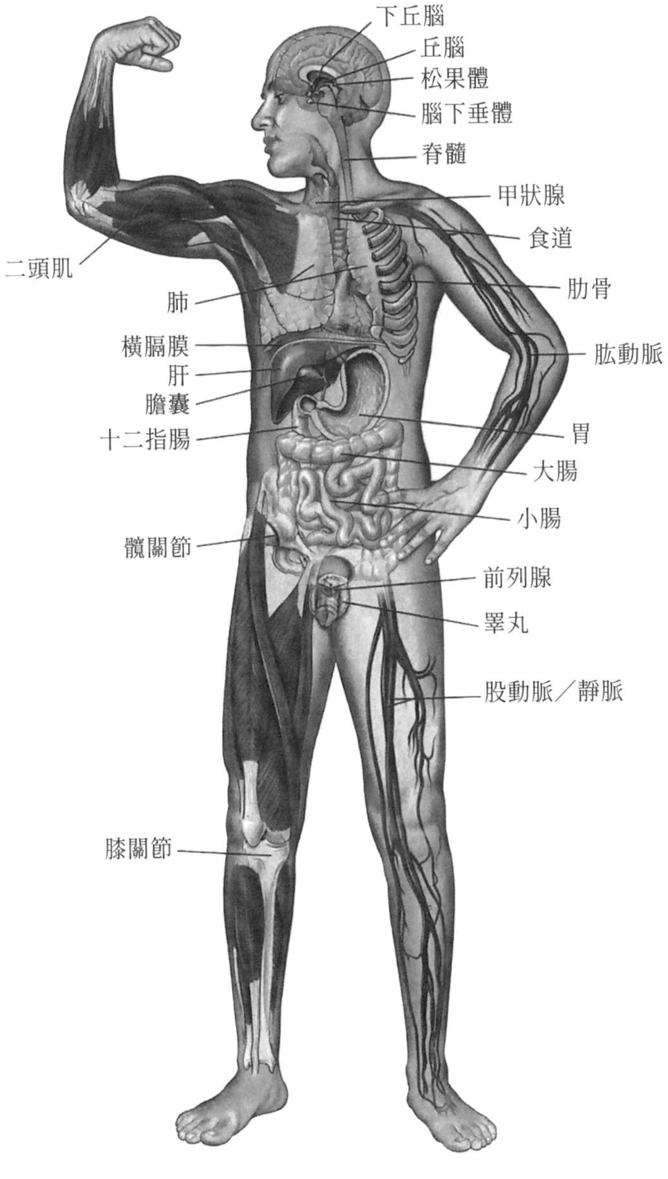

下丘腦
丘腦
松果體
腦下垂體
脊髓
甲狀腺
食道
二頭肌
肋骨
肺
橫膈膜
肱動脈
肝
膽囊
十二指腸
胃
大腸
小腸
髖關節
前列腺
睪丸
股動脈／靜脈
膝關節

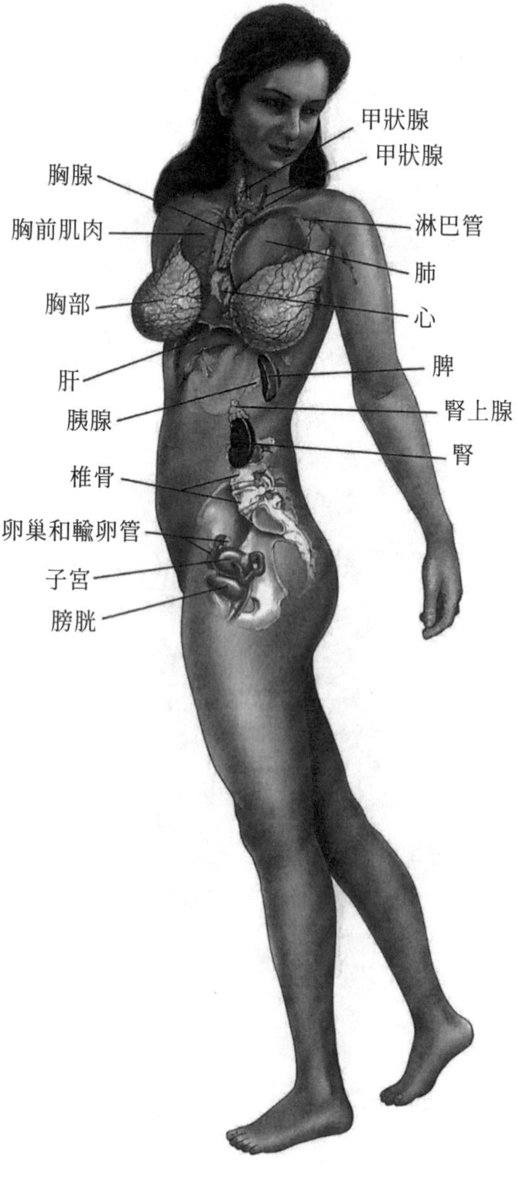
甲狀腺
甲狀腺
胸腺
胸前肌肉
淋巴管
肺
胸部
心
肝
脾
胰腺
腎上腺
腎
椎骨
卵巢和輸卵管
子宮
膀胱

作者介紹

尹娜．西格兒是想像直覺療癒的創始人，也是享譽國際的治療師、專業演講者、作家和電視主持人。她的客戶包括醫生、執行長、醫護人員、演員和體育名人。

尹娜是一位天賦異稟的治療師，在能量醫學和人類意識的領域中是位先驅。她可以透過直覺，親眼看見一個人體內的疾病和阻塞部位、說出他的身體正在發生的事，並引導他療癒自我。

尹娜十幾歲時深受嚴重的背痛所苦，儘管看了醫生、整骨師和其他醫護從業人員，情況仍每況愈下。到了二十出頭，她的背痛到使她有數週的時間幾乎無法行走。命運為她帶來神奇的轉折，使她在一次冥想的過程中，發現一種與身體溝通的不尋常方式。她傾聽自己的背部，釋放所有的痛苦和負面情緒，藉此治好了自己。

尹娜．西格兒從此致力幫助他人進行自我療癒、賦予自我力量。她實用的療癒技巧、療癒的頻率以及在網路、廣播和電視上的曝光，改變了世界各地數百萬人的生命。

想更進一步了解尹娜．西格兒，請造訪 www.InnaSegal.com。

THE SECRET LANGUAGE OF YOUR BODY:
The Essential Guide to Health and Wellness
by Inna Segal and Foreword by Bernie S. Siegel, M.D.

身體的祕密語言

出　　版／楓書坊文化出版社
地　　址／新北市板橋區信義路163巷3號10樓
郵政劃撥／19907596 楓書坊文化出版社
網　　址／www.maplebook.com.tw
電　　話／02-2957-6096
傳　　真／02-2957-6435
作　　者／尹娜・西格兒
譯　　者／羅亞琪
企劃編輯／陳依萱
校　　對／黃薇霓、周佳薇
港澳經銷／泛華發行代理有限公司
定　　價／450元
初版日期／2021年8月

國家圖書館出版品預行編目資料

身體的祕密語言 / 尹娜・西格兒作；羅亞琪譯.
-- 初版. -- 新北市：楓書坊文化出版社,
2021.08　面；公分

ISBN 978-986-377-698-7（平裝）

1. 心理衛生 2. 心理治療

172.9　　110009195